Samurai Sudoku Rules

Each Samurai Sudoku is consisting in five overlapping 9x9 Classic Sudoku.

Use the standard rules to solve each 9x9 Sudoku: insert the number from 1 to 9 in each row, column and 3x3 box. Number can't be repeated.

Each overlapping box is a common part of two individual 9x9 grids.

- **Easy samurai sudoku**   from #1 to #33
- **Medium samurai sudoku**   from #34 to #67
- **Hard samurai sudoku**   from #68 to #100

GET YOUR BONUS PUZZLES:

Send us an email **sbrt.notebooks@gmail.com** and get some more sudoku (including Jigsaw Sudoku, X-Sudoku and much more).

Your voice is important:

Please support us and leave a review!

Copyright © 2020 by SBRT Notebooks
All rights reserved

Samurai #1

Samurai #2

Top-left grid

5		1			6	8		
	4	7	8	2	6	5		
		1						
	1		6		8			9
7			2		1	4	8	5
2	5		4	7			1	
			2	7		8		
1		7		6	3			
	8					1		

Top-right grid

	2		8	1				4
8				2		7		
	4						8	1
			1	8	9	3	6	
	3	9	7				2	
	8	5		2	4		1	7
				7			4	6
				4	3		9	
			8		9	2		

Center grid

			6	5		2	7	8
				2		1	6	4	3	9		5	
						1	9	5		8	6	

(center uses shared rows/columns with adjacent grids)

Bottom-left grid

		8	5		4			6
	2			3	4		8	
4	1			6			4	2
2	9		5	8		6	4	
	3				2	5	7	
	5	4	3	1	6			
6	4					5		
		9		5			8	
1				2	3		9	

Bottom-right grid

							7	
			3	8		1		6
6			4	9				
	4			7	8		6	2
9	6	5	2		3			1
2			5		1		3	
				4				
	8	2	6	1	5	9		
		6	7			3		8

Samurai #3

Samurai #4

Top-Left Grid:

8		7	4	9		2	6	1
6	1		8	7	2			
				1	4			
9			7				2	6
					3	8	4	5
			5					
		5	2	8				4
	4	9				8	2	6
2	6	8	3	5	4		1	7

Top-Right Grid:

7	9	8		5	6	4		2
			7	4	2		6	9
				4	8			
4	3					5		1
2	1	9	3					
						1		
5				3	9	1		
9	4						2	7
3	6		4	1	7	9	8	5

Center Grid:

		4	2	1	9	5		
		8	2	6	7	3	9	4
	1	7				3	6	
	7	4					9	5
				6		4		7
				6				
	7	3			8	6	5	
		6	1	3	5		7	

Bottom-Left Grid:

	8	6		4			7	3
5						6		
		4		3				7
1	4	8						
3	7	9	8	2			1	4
8	5		3	4	7	9	1	
	6	3	7	1	8		4	
4			9					6

Bottom-Right Grid:

		8		6		4		7
6	5			3			2	1
	7							3
3		7				9		
							9	2	8
9	2			4	5	7	3	6
5	9	3	1	8			4	2
		4		9	2	3	1	8
8					4			9

Samurai #5

Top-Left Grid

				5		8		3
	9	3	1		8			
	8	6	7	9		5		2
9					6	2	8	1
			9	1		3	5	4
	4							
7				6				
	1	4	2	8				
6	2	8	4					

Top-Right Grid

6		5			7			
8	7		6			5	4	
9	3					2	6	
4	6			1		3	8	
	8	7		3		4		6
				4		1		
			2	6	8			5
			7	1				
			8	3	9			1

Center Grid

					5			
	4	1						
		8						
			8	4	9	6		7
				1		8		2
					4	9	8	6
			7					
			1	9				
			8					

Bottom-Left Grid

9		3	6	1				
			9	5				
6		5	8	3				
	1		7					
7		8		9		1	6	
	2	6		8			4	7
	3	4					1	8
	6	2			8		5	9
			5			3		6

Bottom-Right Grid

						4	8	6	5
					1	6	9	7	
					5				1
								1	
9	5	8		6	3				
2	4	1	5						6
8		4			7	9	1	5	
				3		5	4	8	
5		9		4					

Samurai #6

Top-Left Grid:

		4	3					
				5	9			
	5			1				
1	9		5	7	2			
		7						
	4	2		9	5		8	
5		1		4	8			6
4	1	7	6					
7		5			4	2	6	7

Top-Right Grid:

						4	6	8
			8	5	1			
				9		8		
			2	4	3	7	1	
						1	3	5
3	9	1			5	8	7	4
5		4	7					2
2		6	8	4				
9	8							

Center Grid:

	8			4				7
			7	2	9	3		
		4		3			8	7
1	8				9	7	8	3
	7	6						
							7	6
			4		8			
		3		1	8	5		
8	2		3					

Bottom-Left Grid:

2		4			9	7	8	3
7	9	6	1				7	6
6		9		8	2		3	
	7	1		5	4			8
			6					
8	6			7	9	5		
	5				2			
					3	9		
		2		1				

Bottom-Right Grid:

4	2							
3		1	8	5				
8		7	1				2	
7	4	9		2	1	6	3	
					3	4	1	9
	6	4	8	9	2			7
	8		6					5
	3	2	4					
					5	8	9	2

Samurai #7

Samurai #8

7		1																7		5
	6				4	1	8						7	5	6				3	
				9	7										4	7				
4	9	6	3	2	5	7		8				6		2	7	3	4	1	5	8
1			6		8		2	4				5	4		2		6			3
		8		4	1		5	3				1	3		5	9		4		
5	8		7	1	9	3				9				1	8	6	2		4	9
6	1	7		8	3		9	2	1	7	6	3	8		9	5		6	2	1
3	4						7	1				2	6						8	7
							6		5	8	2		4							
							8						2							
		1	3							6							5	8		
5		8			9	2				4				6	7			3		5
	2	9		5	7					2					8	4		7	2	
	3						2						8						3	
		7				8								4				2		
2	4	6	1	9	8	3	7	5				2	3	1	5	7	8	4	6	9
		2	6		1	4		3				1		8	6		9	5		
	1	3				5	8						2	9				6	8	
					5	7								7	2					

Samurai #9

Samurai #10

Top-left grid

5								
	4	6		1	3		9	5
2	1				8			
			9	7	8	2		
9		3		8				
1			4	2	5	9		
				4	7			
		9		5		6		2
7		4	8	5	6	1		2

Top-right grid

					2	4	5	6
			4	6	8	3		7	1
					1			3
5						8		4
2	4		3	5				
1		6	4				2	5
4	2	1			9		5	7
3	7	9	1	6	5	4		
				4		1	3	9

Center grid

			6	5			7	8
			8	7		6		1		3	2
				4	5		8	6

Bottom-left grid

5	2	8		6				5
		3	9	4	8	2	1	5	7
4	9		2			3	6	8
1	6				9	7		2
				2	1		8	4
2		7						1
9				1				
8	4		3	5	7	1		
	1	2	8	9				

Bottom-right grid

2		8	5	7	9	6		3
6		3				8		
		7	3					
		6	9	8	3			1
				5		3		8
	8	5	6	4				
			4				2	7
1	6		8	9		5	3	
								6

Samurai #11

Top-left grid:

9			6	5	1			
1	8	4	7	2		9		
		5	8		9			1
	1				4		8	2
					4			7
	7		9	8				
		1	5			7	9	
2	5	3			7		8	
7	9	6	1			5		

Top-right grid:

		3			8	2	4	7
			3					
	8			2		6	3	
5	9					4	6	
3	7	4					5	2
2	6	8		5	1	9	7	3
4	6	7		2		9		
		2		9	6	3		
		9			5		2	6

Center grid:

		2						
					5	9	2	
	4			1			7	
			8	5	3			
8		1				6		
1			2			4	7	

Bottom-left grid:

1	5		7		8		1	
		9	8	5		1		
	8		2		3	5	9	
2	4	1	6	3		7	8	9
9	3				6	2	1	
	7	6				5	4	
	9	8		6		7		
				8				
5	6	7	3		9			

Bottom-right grid:

	6				2	4	8	7
2			4			3	1	5
4	7				5	9		
				4	1		9	
5		9						
1	8		5				7	
6			8		4	7		
		3		7	9	6	4	2
			6	2	3			1

Samurai #12

Samurai #13

Puzzle grid (Samurai Sudoku — five overlapping 9×9 grids).

Top-left grid:

5	4	9			3	8		
3		6	8					
								9
		8		2	9		1	
		2	5					
	5	1	4	8	7	2		6
8	1	5	9	2	3		6	7
				7		5	9	3
7						8		

Top-right grid:

3	4	1	2			6	9	5
5				1	9		8	
					3	2	4	
1			8	5				
		5		1		3	6	8
6	2			3		5		7
				5	3	4	9	7	6
4	8	6	7					
7								

Center grid (partial overlap):

			9				2	5
			6	8	4		1	2	7
					2	8			4
					5	7	2	9

Bottom-left grid:

					5	7	2	
				1	3	7	9	
5	9	1		8	7	2		
2		3		5			8	4
4	8	9			3		6	
			9	4				2
	3	2	4					
	6		7	2				3
7	5	4			9	1	2	8

Bottom-right grid:

			4	6	5	2		7						5
3	8	7		5	9	3	4	2	6
7		5	3	4	2	8	1
2		9	8			9	6
3					7
				4	5		7
	2	7				3	4	1

Samurai #14

Samurai #15

Samurai #16

Samurai #17

Samurai #18

Samurai #19

Samurai #20

Samurai #21

Samurai #22

Samurai #23

Samurai #24

Samurai #25

Top-left grid:

8		1	2	6	3			
			7	8				
6		5	1					
9		8			7	4		
	1	2		7		8	9	5
		7	8		2	1	3	
		5	4	2				7
	3							3
		6		3	8			9

Top-right grid:

			9	5	1	4		2
				2	8			
				6	9			8
2	3				6			4
1	4	5		6		8	2	
6	8	7			5	1		
			6	7	3			
							4	
			1	9		5		

Center grid:

		2		8		4		
			6	2	7			
			3	4	9			

Bottom-left grid:

1		3		4		8	7	5
5			1		8			3
					1		5	
	3	8	6	2		1		7
	4	5		1	7	3	2	
			3		5	9		
8	6	9	4		1		3	2
3	5				2		8	9
				9	3		6	1

Bottom-right grid:

1	4	3		8		6		7
2			6		7			9
		6						
4		9		2	3	5	7	
			2	6	9	7	4	1
				8	1		4	
5	7		4		6	8	2	3
6	3		7				4	1
8	9		3	1				

Samurai #26

Samurai #27

Samurai #28

Samurai #29

Samurai #30

Samurai #31

Samurai #32

Samurai #33

Samurai #34

Samurai #35

Samurai #36

Samurai #37

Samurai #38

Samurai #39

Samurai #40

Samurai #41

Samurai #42

Top-left grid

	8			1				
		4		6			2	
7	4	6					9	
	6	4	7		2		3	
9				5		4		
			3					
		2	3	6	7		8	9
		9	1	6			6	

Top-right grid

				1	3	8		
4				7	5		1	9
5	9				4	2	7	
8	6		5					
		5	6			4	2	
			8	2				
1		9	5	6		3	8	

Center

			1	4	7	5		9
		5	9					

Bottom-left grid

1	4					4	3
6		4		1			7
		9			7		2
	5		9	3		6	
			3				
	2				1		
5			1	9		2	
			5			4	
	6				1		

Bottom-right grid

6	9		8		4	7
		7		2		1
2						
7	2	1			4	
		8				5
1		6	5		9	
	2	3				
9				7		

Samurai #43

Samurai #44

Samurai #45

Samurai #46

Samurai #47

Samurai #48

Samurai #49

Samurai #50

Samurai #51

Samurai #52

Samurai #53

Top-left grid

2	3			1		7		4
				2			3	9
				9				
7				6				
				7	1	4	6	3
	6	8	2	7	3	9		
	8				3	6		
	1			4		5	2	

Top-right grid

					3			5
		9						2
		7						
6			5					
					6	2	8	
4	2		9	8	3			
2	6	4	3			1	9	
					9		3	7
7			8		6			

Center grid

		1		6	7			
			8	5				
				9	7			
			3					
	1		8	5				

Bottom-left grid

8		3	1	6				
		4						
9				3				
			6		1	4	3	
							9	
	6				5			
			4		8	6		5
5						2		7
		8	1	2				

Bottom-right grid

		2	7	3	5		4	8	9
					7			3	5
			5				4		
			7	3				9	
5				7		1			
									1
6		1	5				9		3
								5	2

Samurai #54

Top-Left Grid:

			8		9			
9	7		2	6		1		
6	2			4	1	3		5
2		4		1			5	
					2			
1	9				5			
3								

Top-Right Grid:

						6	1	5
		7		8		5		2
							2	4
9	5		2				6	3
5	6	9				2	1	
			4					
								9
					5			5
				5		8	3	
				3		4		1

Center Grid:

					2			
				8		3	1	
		8	1	2	6			
				9		7		1
				2	7		4	

Bottom-Left Grid:

	4	7		8		9		
		9	5		2	7		
						4		
6		4		5				
1	5	3	9	4				6
4	8	2	6	7	3			5
						2		7
	1			2		3		

Bottom-Right Grid:

		2	1	9				
	5		4	3				
						4		6	1
			5	6	2	3	9	
				6		8	1	5		4
8						9	1	
7		4	3				8	5	9

Samurai #55

Top-left grid:

		4	8	7	3			9
	3		1	5		6		
	8		2					
				1				
	9	2			1			
	6				7			
			5					
4	5	8	7		6			
	3							

Top-right grid:

		6	8			7	5	
	5				2			8
							1	
			9			3		
		8			1			
4	2							
		6		2		4		7	9
			4	1	3			
			2	7		6		

Center grid:

			9	4		7		
		3	8		7	6	4	
			5				8	

Bottom-left grid:

	5	6	1	9	8	3		7
1		7	6		3		4	
								1
				9				
	9					7	3	
7	1		2	3	6	8	9	
	2		6	5			1	
	5						8	
				2		4		

Bottom-right grid:

	9					8		
		7	8	6	4		2	1	3
	9				6			
		9	1			4	8	7
		7	8					
					4	7	5	
		7	3	5	6			
					3			

Samurai #56

Samurai #57

Samurai #58

Samurai #59

Samurai #60

Samurai #61

Samurai #62

Samurai #63

Samurai #64

Samurai #65

Samurai #66

Samurai #67

Samurai #68

A Samurai Sudoku puzzle consisting of five overlapping 9×9 grids arranged in a cross pattern.

Top-left grid:
- Row 1: _, 4, _, _, _, _, 2, _, _
- Row 2: _, _, _, _, _, _, _, _, _
- Row 3: 5, _, 6, _, _, _, 8, _, _
- Row 4: _, _, 4, 1, 8, 5, _, _, _
- Row 5: 8, 9, _, _, _, 3, _, 2, 6
- Row 6: _, 5, _, 2, 9, _, _, _, _
- Row 7: _, _, _, 7, _, _, _, _, 1
- Row 8: _, _, _, 9, 2, _, 6, 8, 4
- Row 9: _, 8, _, _, _, _, _, _, _

Top-right grid:
- Row 1: _, _, _, 6, _, _, 5, _, 4
- Row 2: _, _, _, 4, 9, 3, _, 1, _
- Row 3: _, _, _, 3, _, _, _, _, _
- Row 4: 8, 5, _, _, _, _, _, _, _
- Row 5: _, _, _, 4, _, 2, _, 7, 9
- Row 6: _, _, _, _, _, 8, 9, _, _
- Row 7: 9, 6, 7, 5, _, _, _, _, _
- Row 8: _, _, _, _, _, _, _, _, 6
- Row 9: _, _, _, _, 6, _, 4, 5, 7

Center grid (shared):
- _, _, _, _, _, 1, _, 3, _
- _, _, 8, _, _, _, _, _, _
- _, _, 4, _, 2, _, 8, 7, _, 5, _

Bottom-left grid:
- Row 1: _, _, 5, 7, 9, _, _, _, _
- Row 2: _, _, 7, 6, 1, 2, 3, _, _
- Row 3: _, _, _, _, _, _, _, _, _
- Row 4: _, _, _, 2, 3, 9, _, _, _
- Row 5: _, _, _, _, _, 6, _, _, _
- Row 6: _, _, _, 8, _, _, _, 1, _
- Row 7: 2, _, _, _, 7, _, _, _, _
- Row 8: 7, _, 4, 5, _, 9, _, _, _
- Row 9: _, _, 9, 3, 2, _, 8, _, _

Bottom-right grid:
- Row 1: _, _, 3, _, _, _, _, 5, 6
- Row 2: _, _, _, _, _, _, _, _, 4
- Row 3: _, 2, _, _, 5, _, 6, _, 4
- Row 4: _, _, _, _, _, _, _, _, _
- Row 5: _, _, _, _, 3, _, 5, 9, 8
- Row 6: 4, _, _, 8, 1, _, _, _, _
- Row 7: _, 5, _, 7, 6, _, _, _, _
- Row 8: _, 1, 6, _, _, 8, 4, 2, _, 7

Samurai #69

Samurai #70

Samurai #71

Samurai #72

Samurai #73

Samurai #74

Samurai #75

Samurai #76

Samurai #77

Samurai #78

Samurai #79

Samurai #80

Samurai #81

Samurai #82

Top-left grid

	9	5			1			
			9	8	3			
			6		5	4		
		9			1	6	8	
8	1		2	9	6			
		4	3	1	8		7	
		4						

Top-right grid

6				8		1		
					7	9	4	5
			5			2		
		8						6
		3		5				
		7	1	3	6			2
				9			6	
							3		4
		5	9	8				

Center grid

			7	8				
				6			5	
		5	6		4	3	9	
3			1	8		3		
		6		9			5	
8				6				

Bottom-left grid

3	7			1	8	
		6		9		
8				6		
		1		9	3	8	7
			8				
		6	3	7		2	4
5	4		2		6		3
	8	3	5			7	1

Bottom-right grid

			9			
			5	8	3	
		7	1	2	9	6
1			2			
			6			1
	5	8	1			
				9	1	5
3	4					
2					6	4

Samurai #83

Samurai #84

Samurai #85

Samurai #86

Top-left grid

1				2			8	
5	3	2						
				6	3			
3							5	
					1	9	2	
					8	4		
	4		5		1		7	
	5		8	2		4	9	
6			7	4	8		7	

Top-right grid

	1	4		5		3		
		3				9	8	4
							9	6
			3	9		7		
			2		6		4	
7							9	
1	5							
	2	5	7		4			2
		6	8					

Center grid

			6	5		2		
				6	1			
			4			8	6	7

Bottom-left grid

		9			8			
	1					1		
8	5		3	4	1	7	2	
			9	8				
9		3	2			5	6	
		5		7				
7		8		5	2			
1		7						
		4			1	7		

Bottom-right grid

					8			
		2		1				
					1	2		4
				4	6	1		
			2					9
	7	4	6		9			
				9		7		
2	1	3	5					

Samurai #87

Samurai #88

Samurai #89

Samurai #90

Samurai #91

Samurai #92

Samurai #93

Samurai #94

Samurai #95

Samurai #96

Samurai #97

Samurai #98

Samurai #99

Samurai #100

#1

1	4	7	3	5	8	6	9	2
6	8	9	7	4	2	5	1	3
3	5	2	1	6	9	8	4	7
5	1	4	9	2	3	7	8	6
9	7	3	4	8	6	2	5	1
2	6	8	5	1	7	4	3	9
7	9	6	8	3	4	1	2	5
8	3	1	2	7	5	9	6	4
4	2	5	6	9	1	3	7	8

3	4	9	8	5	6	7	2	1
6	2	1	7	3	9	4	8	5
8	7	5	4	1	2	9	6	3
1	9	8	2	6	3	5	7	4
2	6	7	1	4	5	8	3	9
5	3	4	9	7	8	2	1	6
6	4	7	9	8	3	5	2	1	6	4	7
3	8	5	7	1	2	6	9	4	3	5	8
9	1	2	4	5	6	3	8	7	1	9	2

8	1	6	4	7	9	2	3	5
7	5	3	8	2	6	1	9	4
2	4	9	5	3	1	6	7	8

5	9	4	7	3	2	6	8	1
2	3	6	1	4	8	5	9	7
1	8	7	5	9	6	4	3	2
3	5	2	6	1	7	9	4	8
8	7	9	3	5	4	2	1	6
6	4	1	2	8	9	7	5	3
9	2	3	4	6	1	8	7	5
7	1	8	9	2	5	3	6	4
4	6	5	8	7	3	1	2	9

7	5	4	3	2	9	5	8	4	1	6	7
2	6	3	8	4	1	3	6	7	2	9	5
1	9	8	5	6	7	1	9	2	3	8	4
2	9	8	4	1	6	5	7	3
4	1	5	8	7	3	6	2	9
7	3	6	2	5	9	8	4	1
1	7	4	6	2	5	9	3	8
6	5	3	9	4	8	7	1	2
9	8	2	7	3	1	4	5	6

#2

5	7	1	3	9	6	8	2	4
3	9	4	7	8	2	6	5	1
8	2	6	1	4	5	9	3	7
4	1	3	6	5	8	2	7	9
7	6	9	2	3	1	4	8	5
2	5	8	4	7	9	3	1	6
6	3	5	9	2	7	1	4	8
1	4	7	8	6	3	5	9	2
9	8	2	5	1	4	7	6	3

9	2	6	8	1	5	7	3	4
8	1	3	2	4	7	6	5	9
5	4	7	9	6	3	2	8	1
2	7	4	1	8	9	3	6	5
1	3	9	7	5	6	4	2	8
6	8	5	3	2	4	9	1	7
7	5	6	3	9	2	5	7	1	8	4	6
3	8	4	7	6	1	4	3	8	5	9	2
9	1	2	4	5	8	6	9	2	1	7	3

6	5	9	2	7	8	1	4	3
2	8	1	6	4	3	9	7	5
3	7	4	1	9	5	2	8	6

9	6	3	8	5	1	4	2	7
5	2	8	7	3	4	9	1	6
4	1	7	2	6	9	8	3	5
2	9	1	5	8	7	6	4	3
8	3	6	4	9	2	5	7	1
7	5	4	3	1	6	2	8	9
6	4	9	1	8	3	5	2
3	7	2	9	4	5	1	6	8
1	8	5	6	2	3	7	9	4

5	6	1	8	3	9	1	5	6	2	7	4
8	3	7	5	2	4	3	8	7	1	9	6
4	2	9	6	1	7	4	9	2	8	5	3
1	4	3	9	7	8	5	6	2
9	6	5	2	4	3	7	8	1
2	7	8	5	6	1	4	3	9
7	9	1	8	3	4	6	2	5
3	8	2	6	1	5	9	4	7
4	5	6	7	2	9	3	1	8

#3

6	9	5	4	8	2	3	1	7
3	7	1	5	9	6	8	2	4
4	8	2	7	1	3	6	5	9
2	4	6	3	7	5	1	9	8
1	5	9	6	2	8	4	7	3
8	3	7	9	4	1	5	6	2
5	2	4	1	3	7	9	8	6
9	6	8	2	5	4	7	3	1
7	1	3	8	6	9	2	4	5

5	1	6	2	7	9	8	4	3
8	4	7	6	3	5	2	9	1
9	3	2	4	8	1	7	6	5
3	5	1	8	2	4	9	7	6
2	9	4	1	6	7	5	3	8
7	6	8	9	5	3	4	1	2
4	7	5	1	2	3	7	4	8	6	5	9
9	6	2	4	8	5	3	9	6	1	2	7
3	1	8	6	7	9	5	1	2	3	8	4

6	7	9	5	8	4	2	3	1
1	5	4	2	3	7	9	6	8
3	2	8	1	9	6	7	5	4

3	4	7	9	6	5	8	1	2
1	9	5	7	2	8	4	6	3
2	6	8	3	4	1	5	9	7
9	1	2	4	3	6	7	8	5
7	5	6	8	1	2	9	3	4
4	8	3	5	9	7	1	2	6
5	7	1	6	8	3	2	4	9
8	3	9	2	7	4	6	5	1
6	2	4	1	5	9	3	7	8

7	5	9	3	4	6	2	8	1	9	5	7
8	2	1	5	9	7	4	3	6	1	8	2
6	4	3	8	1	2	7	5	9	6	4	3
1	5	4	3	7	2	8	6	9
7	3	9	1	6	8	4	2	5
6	2	8	5	9	4	3	7	1
9	7	5	8	4	3	2	1	6
2	8	3	6	1	7	5	9	4
4	6	1	9	2	5	7	3	8

#4

8	3	7	4	9	5	2	6	1
6	1	4	8	7	2	3	5	9
5	9	2	6	3	1	4	7	8
9	5	3	7	4	8	1	2	6
7	2	6	9	1	3	8	4	5
2	1	9	3	7	4	6	5	8
4	8	1	5	2	6	7	9	3
1	7	5	2	8	9	6	3	4	2	1	9
3	4	9	1	6	7	5	8	2	6	7	3
2	6	8	3	5	4	9	1	7	8	5	4

7	9	8	1	5	6	4	3	2
1	5	3	7	4	2	8	6	9
6	2	4	8	9	3	5	1	7
4	3	6	9	8	5	7	2	1
2	1	9	3	7	4	6	5	8
8	7	5	6	2	1	3	9	4
5	8	7	2	3	9	1	4	6
9	4	1	5	6	8	2	7	3
3	6	2	4	1	7	9	8	5

7	4	1	3	2	6	8	9	5
3	2	5	7	9	8	4	1	6
8	9	6	5	4	1	7	2	3

7	9	4	1	6	3	2	5	8	9	6	7	1	3	4	5	9	2	8	6	7
2	8	6	5	4	9	1	7	3	4	8	2	6	5	9	7	3	8	2	1	4
5	3	1	2	8	7	4	6	9	1	3	5	2	7	8	4	1	6	5	9	3
6	2	5	4	9	1	3	8	7	3	8	7	2	6	9	4	5	1
1	4	8	3	7	6	2	9	5	4	6	5	3	7	1	9	2	8
3	7	9	8	2	5	6	4	1	9	2	1	4	8	5	7	3	6
8	5	2	6	3	4	7	9	1	5	9	3	1	8	7	6	4	2
9	6	3	7	1	8	5	4	2	7	4	6	9	2	3	1	8	5
4	1	7	9	5	2	8	3	6	8	1	2	6	5	4	3	7	9

#5

2	7	1	6	5	4	8	9	3
5	9	3	1	2	8	7	4	6
4	8	6	7	9	3	5	1	2
9	3	7	5	4	6	2	8	1
8	6	2	9	1	7	3	5	4
1	4	5	8	3	2	6	7	9
7	5	9	3	6	1	4	2	8
3	1	4	2	8	5	9	6	7
6	2	8	4	7	9	1	3	5

6	2	5	3	4	7	1	9	8
8	7	1	6	9	2	5	4	3
9	3	4	1	5	8	2	6	7
4	6	2	7	1	5	3	8	9
1	8	7	2	3	9	4	5	6
5	9	3	8	6	4	7	1	2
3	6	5	7	1	9	4	2	6	8	3	5
2	4	1	3	5	8	9	7	1	6	2	4
9	7	8	2	4	6	5	8	3	9	7	1

(middle bridge)
8	4	9	6	2	7	5	3	1
7	1	6	5	8	3	9	2	4
3	5	2	4	1	9	8	6	7

9	7	3	6	1	2	5	8	4
2	8	1	9	5	4	6	7	3
6	4	5	8	3	7	2	9	1
4	1	9	7	2	6	8	3	5
7	5	8	4	9	3	1	6	2
3	2	6	1	8	5	9	4	7
5	3	4	2	6	9	7	1	8
1	6	2	3	7	8	4	5	9
8	9	7	5	4	1	3	2	6

7	4	2	8	6	5	1	9	2	7	3	4	8	6	5
1	9	2	4	8	5	2	1	6	9	7	3
8	5	4	6	7	3	9	5	8	2	4	1
3	6	7	4	9	2	5	1	8
9	5	8	1	6	3	7	2	4
2	4	1	5	8	7	3	9	6
8	3	4	6	7	9	1	5	2
7	1	6	3	2	5	4	8	9
5	2	9	8	4	1	6	3	7

#6

1	9	2	4	5	3	6	8	7
4	8	7	6	2	1	3	5	9
3	6	5	9	8	7	2	1	4
6	1	9	8	4	5	7	2	3
5	2	8	3	7	6	4	9	1
7	3	4	2	1	9	5	6	8
2	5	3	1	9	4	8	7	6	9	2	3
8	4	1	7	6	2	9	3	5	1	8	4
9	7	6	5	3	8	1	4	2	6	7	5

1	2	5	9	7	4	6	8	3
6	3	8	5	1	2	9	7	4
7	4	9	3	8	6	2	1	5
8	5	2	4	3	7	1	9	6
4	6	7	2	9	1	3	5	8
3	9	1	6	5	8	7	4	2
5	1	4	7	6	3	8	2	9
2	7	6	8	4	9	5	3	1
9	8	3	1	2	5	4	6	7

(middle bridge)
4	5	8	2	1	7	6	3	9
7	2	9	3	5	6	1	4	8
3	6	1	4	9	8	7	5	2

1	2	8	4	5	3	6	9	7	8	3	1
3	7	9	6	1	2	5	8	4	7	6	2
5	6	4	9	7	8	2	1	3	5	4	9
2	3	7	1	9	5	4	6	8
9	5	1	8	6	4	3	7	2
4	8	6	3	2	7	9	5	1
8	4	5	7	3	9	1	2	6
7	1	2	5	4	6	8	3	9
6	9	3	2	8	1	7	4	5

4	2	5	7	3	6	9	8	1
3	9	1	8	5	2	7	6	4
8	6	7	1	9	4	5	2	3
7	4	9	5	2	1	6	3	8
5	8	2	6	7	3	4	1	9
1	3	6	4	8	9	2	5	7
2	1	8	9	6	7	3	4	5
9	5	3	2	4	8	1	7	6
6	7	4	3	1	5	8	9	2

#7

9	3	7	2	5	6	8	1	4
5	8	1	3	9	4	7	6	2
6	2	4	8	1	7	3	5	9
8	1	5	4	6	3	9	2	7
3	6	9	7	2	1	5	4	8
4	7	2	5	8	9	6	3	1
1	5	3	9	7	2	4	8	6	2	5	7
7	4	6	1	3	8	2	9	5	6	1	3
2	9	8	6	4	5	1	7	3	8	9	4

9	7	6	3	4	8	1	2	5
2	3	1	5	6	7	8	4	9
5	8	4	2	1	9	3	6	7
3	1	7	4	5	2	9	8	6
8	2	9	6	7	1	5	3	4
4	6	5	8	9	3	2	7	1
1	9	3	7	8	6	4	5	2
7	4	8	1	2	5	6	9	3
6	5	2	9	3	4	7	1	8

(middle bridge)
6	2	7	1	8	9	4	3	5
9	1	4	3	2	5	8	7	6
3	5	8	4	7	6	9	2	1

5	6	9	2	8	3	7	4	1
8	4	3	9	7	1	5	6	2
7	2	1	5	4	6	8	3	9
9	1	6	8	5	7	3	2	4
3	7	8	6	2	4	9	1	5
4	5	2	3	1	9	6	8	7
1	8	7	4	3	5	2	9	6
6	3	5	1	9	2	4	7	8
2	9	4	7	6	8	1	5	3

5	3	8	2	6	9	4	1	3	7	5	8
9	4	1	3	8	7	9	6	5	4	2	1
7	6	2	5	1	4	8	7	2	6	3	9
4	5	6	1	8	9	2	7	3
9	2	3	6	5	7	1	8	4
1	7	8	3	2	4	5	9	6
8	4	5	7	3	1	9	6	2
6	9	2	5	4	8	3	1	7
7	3	1	2	9	6	8	4	5

#8

7	2	1	8	5	6	4	3	9
9	6	5	2	3	4	1	8	7
8	3	4	1	9	7	2	6	5
4	9	6	3	2	5	7	1	8
1	5	3	6	7	8	9	2	4
2	7	8	9	4	1	6	5	3
5	8	2	7	1	9	3	4	6	2	9	8
6	1	7	4	8	3	5	9	2	1	7	6
3	4	9	5	6	2	8	7	1	4	5	3

4	2	6	3	8	9	7	1	5
9	7	5	6	2	1	8	3	4
8	1	3	4	7	5	2	9	6
6	9	2	7	3	4	1	5	8
5	4	8	2	1	6	9	7	3
1	3	7	5	9	8	4	6	2
7	5	1	8	6	2	3	4	9
3	8	4	9	5	7	6	2	1
2	6	9	1	4	3	5	8	7

(middle bridge)
1	6	3	5	8	2	9	4	7
7	8	9	6	3	4	1	2	5
4	2	5	7	1	9	6	3	8

4	7	1	3	6	2	9	5	8
5	6	8	4	1	9	2	3	7
3	2	9	8	5	7	6	1	4
8	3	5	7	4	6	1	2	9
1	9	7	5	2	3	8	4	6
2	4	6	1	9	8	3	7	5
7	5	2	6	8	1	4	9	3
6	1	3	9	7	4	5	8	2
9	8	4	2	3	5	7	6	1

3	6	1	4	7	2	3	6	5	8	9	1
9	4	5	8	1	6	7	9	2	3	4	5
8	2	7	5	9	3	8	4	1	7	2	6
9	8	5	4	2	6	1	3	7
7	6	4	9	1	3	2	5	8
2	3	1	5	7	8	4	6	9
1	4	8	6	3	9	5	7	2
3	2	9	1	5	7	6	8	4
6	5	7	2	8	4	9	1	3

#9

#10

#11

#12

#13

5	4	9	7	1	6	3	8	2				3	4	1	2	8	7	6	9	5
3	2	6	8	4	9	7	1	5				5	6	2	4	1	9	7	8	3
1	8	7	2	3	5	6	4	9				8	9	7	5	6	3	2	4	1
4	7	8	3	6	2	9	5	1				1	7	3	8	5	6	4	2	9
6	3	2	5	9	1	8	7	4				9	5	4	1	7	2	3	6	8
9	5	1	4	8	7	2	3	6				6	2	8	9	3	4	5	1	7
8	1	5	9	2	3	4	6	7	3	9	8	2	1	5	3	4	8	9	7	6
2	6	4	1	7	8	5	9	3	2	1	7	4	8	6	7	9	5	1	3	2
7	9	3	6	5	4	1	2	8	6	4	5	7	3	9	6	2	1	8	5	4
						9	3	1	4	7	2	5	6	8						
						6	8	4	5	3	9	1	2	7						
						7	5	2	8	6	1	3	9	4						
3	4	7	9	6	2	8	1	5	7	2	6	9	4	3	6	2	8	1	7	5
8	2	6	5	4	1	3	7	9	1	8	4	6	5	2	4	7	1	9	8	3
5	9	1	3	8	7	2	4	6	9	5	3	8	7	1	5	9	3	4	2	6
2	7	3	1	5	6	9	8	4				7	6	5	3	4	2	8	1	9
4	8	9	2	7	3	5	6	1				4	3	8	7	1	9	6	5	2
6	1	5	8	9	4	7	3	2				2	1	9	8	6	5	7	3	4
9	3	2	4	1	8	6	5	7				3	9	4	1	5	7	2	6	8
1	6	8	7	2	5	4	9	3				1	8	6	2	3	4	5	9	7
7	5	4	6	3	9	1	2	8				5	2	7	9	8	6	3	4	1

#14

1	8	7	3	2	6	5	4	9				5	7	3	1	2	6	9	4	8
3	5	9	8	4	7	2	6	1				8	9	1	7	4	5	2	6	3
6	2	4	9	1	5	7	3	8				6	2	4	8	3	9	5	1	7
9	7	5	6	8	4	1	2	3				4	5	7	6	9	1	3	8	2
8	1	3	2	7	9	6	5	4				2	8	9	3	7	4	6	5	1
4	6	2	1	5	3	9	8	7				3	1	6	2	5	8	4	7	9
2	3	6	4	9	1	8	7	5	9	4	3	1	6	2	5	8	3	7	9	4
7	4	1	5	6	8	3	9	2	5	6	1	7	4	8	9	6	2	1	3	5
5	9	8	7	3	2	4	1	6	2	8	7	9	3	5	4	1	7	8	2	6
						1	6	7	8	5	4	2	9	3						
						2	5	8	6	3	9	4	1	7						
						9	3	4	1	7	2	5	8	6						
1	6	5	9	4	8	7	2	3	4	1	8	6	5	9	8	3	2	4	1	7
9	7	4	6	3	2	5	8	1	7	9	6	3	2	4	9	7	1	5	6	8
2	8	3	1	7	5	6	4	9	3	2	5	8	7	1	4	5	6	2	9	3
6	1	8	4	2	3	9	5	7				7	6	3	1	2	9	8	5	4
7	4	9	5	6	1	8	3	2				2	4	8	3	6	5	1	7	9
5	3	2	7	8	9	1	6	4				1	9	5	7	8	4	6	3	2
4	2	1	8	5	7	3	9	6				5	1	7	2	9	8	3	4	6
8	9	6	3	1	4	2	7	5				4	3	2	6	1	7	9	8	5
3	5	7	2	9	6	4	1	8				9	8	6	5	4	3	7	2	1

#15

2	7	1	8	4	9	5	3	6				4	1	5	6	3	9	8	7	2
5	8	6	2	3	7	4	9	1				8	7	6	4	2	5	9	1	3
3	4	9	6	5	1	7	8	2				9	3	2	1	8	7	4	6	5
1	6	2	3	8	5	9	7	4				5	8	9	3	7	6	1	2	4
4	3	8	9	7	6	1	2	5				1	2	7	8	9	4	5	3	6
7	9	5	1	2	4	3	6	8				3	6	4	2	5	1	7	9	8
9	5	3	4	6	2	8	1	7	2	9	5	6	4	3	9	1	8	2	5	7
6	1	4	7	9	8	2	5	3	4	6	1	7	9	8	5	6	2	3	4	1
8	2	7	5	1	3	6	4	9	8	7	3	2	5	1	7	4	3	6	8	9
						7	2	6	9	3	4	8	1	5						
						3	9	5	6	1	8	4	7	2						
						4	8	1	5	2	7	9	3	6						
9	3	2	5	7	4	1	6	8	3	4	9	5	2	7	1	3	4	6	8	9
8	5	4	3	1	6	9	7	2	1	5	6	3	8	4	6	2	9	5	1	7
6	7	1	9	8	2	5	3	4	7	8	2	1	6	9	7	8	5	2	3	4
1	6	9	2	3	5	8	4	7				8	9	6	4	7	3	1	5	2
7	8	3	4	9	1	2	5	6				4	1	3	5	9	2	7	6	8
4	2	5	8	6	7	3	9	1				2	7	5	8	1	6	9	4	3
3	1	6	7	5	8	4	2	9				7	3	8	9	6	1	4	2	5
2	9	7	1	4	3	6	8	5				9	4	1	2	5	8	3	7	6
5	4	8	6	2	9	7	1	3				6	5	2	3	4	7	8	9	1

#16

7	5	1	8	6	3	2	4	9				3	5	8	9	1	6	2	4	7
4	6	8	7	2	9	5	1	3				9	1	4	8	2	7	3	5	6
2	9	3	1	5	4	8	6	7				6	2	7	4	5	3	1	9	8
3	2	6	5	4	7	9	8	1				2	3	1	6	8	4	9	7	5
5	4	9	2	8	1	3	7	6				4	7	6	3	9	5	8	2	1
8	1	7	3	9	6	4	2	5				5	8	9	1	7	2	4	6	3
9	8	4	6	7	5	1	3	2	4	6	8	7	9	5	2	3	1	6	8	4
1	7	5	4	3	2	6	9	8	5	7	3	1	4	2	5	6	8	7	3	9
6	3	2	9	1	8	7	5	4	1	2	9	8	6	3	7	4	9	5	1	2
						2	8	3	9	4	5	6	1	7						
						4	1	7	8	3	6	2	5	9						
						9	6	5	2	1	7	4	3	8						
9	8	3	1	2	7	5	4	6	3	8	2	9	7	1	6	4	3	8	2	5
1	5	2	6	4	3	8	7	9	6	5	1	3	2	4	5	8	9	1	6	7
4	6	7	8	5	9	3	2	1	7	9	4	5	8	6	2	1	7	9	3	4
5	7	8	4	3	1	9	6	2				7	4	3	9	6	1	2	5	8
3	2	1	7	9	6	4	5	8				1	9	2	4	5	8	3	7	6
6	4	9	5	8	2	7	1	3				8	6	5	3	7	2	4	1	9
8	1	6	3	7	4	2	9	5				6	1	8	7	3	4	5	9	2
7	9	5	2	6	8	1	3	4				2	3	7	8	9	5	6	4	1
2	3	4	9	1	5	6	8	7				4	5	9	1	2	6	7	8	3

#17

5	6	8	9	4	1	2	3	7			6	3	7	4	8	2	5	9	1
7	1	2	6	3	8	5	9	4			5	4	9	6	1	7	2	3	8
3	4	9	2	7	5	6	1	8			2	1	8	5	3	9	4	6	7
6	8	1	4	5	2	9	7	3			8	9	5	3	6	4	7	1	2
4	9	3	1	6	7	8	5	2			7	2	1	9	5	8	6	4	3
2	5	7	8	9	3	4	6	1			3	6	4	7	2	1	8	5	9
9	7	4	3	2	6	1	8	5	3	2	9	4	7	6	2	9	3	1	8	5
1	2	5	7	8	9	3	4	6	1	7	5	9	8	2	1	4	5	3	7	6
8	3	6	5	1	4	7	2	9	6	8	4	1	5	3	8	7	6	9	2	4
								2	9	7	8	4	1	6	3	5				
								8	3	4	2	5	6	7	9	1				
								6	5	1	9	3	7	8	2	4				
7	2	6	9	4	8	5	1	3	4	9	8	2	6	7	1	5	8	4	9	3
3	5	9	6	1	2	4	7	8	5	6	2	3	1	9	7	2	4	5	8	6
1	8	4	5	7	3	9	6	2	7	1	3	5	4	8	3	6	9	1	7	2
2	6	5	1	9	4	8	3	7			9	7	1	6	4	2	8	3	5
4	3	8	2	6	7	1	9	5			4	8	3	5	9	7	2	6	1
9	7	1	3	8	5	6	2	4			6	2	5	8	3	1	7	4	9
6	4	2	8	3	1	7	5	9			8	9	2	4	1	3	6	5	7
5	9	7	4	2	6	3	8	1			1	5	4	9	7	6	3	2	8
8	1	3	7	5	9	2	4	6			7	3	6	2	8	5	9	1	4

#18

5	1	6	8	4	3	2	7	9			1	9	3	7	8	4	2	5	6
3	2	9	5	6	7	1	4	8			8	5	4	2	1	6	9	7	3
4	8	7	1	2	9	3	6	5			7	2	6	5	9	3	4	8	1
9	7	5	4	3	6	8	1	2			9	1	2	3	4	8	7	6	5
8	4	3	2	1	5	7	9	6			3	4	8	6	7	5	1	2	9
2	6	1	7	9	8	5	3	4			5	6	7	1	2	9	3	4	8
7	5	4	6	8	1	9	2	3	5	6	7	4	8	1	9	5	7	6	3	2
1	9	2	3	5	4	6	8	7	9	4	1	2	3	5	4	6	1	8	9	7
6	3	8	9	7	2	4	5	1	8	3	2	6	7	9	8	3	2	5	1	4
								2	7	8	1	9	3	5	4	6				
								1	3	9	6	5	4	8	2	7				
								5	6	4	7	2	8	9	1	3				
1	9	2	6	3	7	8	4	5	3	7	6	1	9	2	4	5	8	6	3	7
4	3	8	9	5	2	7	1	6	2	8	9	3	5	4	6	2	7	9	8	1
6	7	5	1	4	8	3	9	2	4	1	5	7	6	8	3	9	1	2	5	4
3	6	4	2	8	1	9	5	7			6	1	5	7	4	9	3	2	8
8	2	7	4	9	5	1	6	3			8	3	7	1	6	2	5	4	9
5	1	9	3	7	6	4	2	8			4	2	9	8	3	5	7	1	6
7	8	6	5	1	4	2	3	9			2	4	3	9	8	6	1	7	5
9	5	1	8	2	3	6	7	4			5	7	6	2	1	4	8	9	3
2	4	3	7	6	9	5	8	1			9	8	1	5	7	3	4	6	2

#19

8	6	1	2	3	7	5	9	4			8	7	3	6	5	9	2	4	1
5	3	2	8	4	9	6	1	7			1	5	4	8	2	7	9	6	3
4	9	7	6	5	1	8	3	2			2	9	6	1	3	4	7	5	8
1	4	6	9	7	2	3	8	5			3	1	2	5	8	6	4	9	7
9	2	5	1	8	3	7	4	6			5	4	8	7	9	2	3	1	6
7	8	3	5	6	4	1	2	9			9	6	7	4	1	3	5	8	2
2	7	8	3	9	5	4	6	1	5	2	3	7	8	9	3	6	5	1	2	4
3	5	9	4	1	6	2	7	8	4	1	9	6	3	5	2	4	1	8	7	9
6	1	4	7	2	8	9	5	3	8	7	6	4	2	1	9	7	8	6	3	5
								5	4	9	7	3	2	1	6	8				
								7	3	6	9	8	1	5	4	2				
								1	8	2	6	5	4	3	9	7				
4	1	5	8	3	9	6	2	7	1	4	8	9	5	3	8	6	4	2	7	1
2	6	3	7	1	4	8	9	5	3	6	7	2	1	4	3	9	7	8	6	5
7	8	9	6	2	5	3	1	4	2	9	5	8	7	6	5	2	1	9	4	3
9	7	1	2	5	6	4	8	3			7	9	5	6	1	2	3	8	4
5	4	8	3	9	7	1	6	2			4	8	2	7	5	3	1	9	6
6	3	2	4	8	1	5	7	9			3	6	1	4	8	9	7	5	2
3	2	7	1	4	8	9	5	6			1	2	7	9	4	5	6	3	8
8	5	4	9	6	2	7	3	1			5	3	7	1	2	6	4	1	9
1	9	6	5	7	3	2	4	8			6	4	9	1	3	8	5	2	7

#20

4	8	7	9	5	2	1	3	6			9	5	1	6	2	3	4	7	8
6	9	2	3	7	1	8	4	5			3	7	6	9	4	8	5	2	1
5	3	1	6	8	4	7	2	9			8	4	2	5	1	7	9	3	6
9	6	4	1	3	7	2	5	8			5	6	8	2	3	4	7	1	9
2	1	3	5	9	8	4	6	7			1	9	3	8	7	5	6	4	2
7	5	8	4	2	6	9	1	3			7	2	4	1	9	6	8	5	3
8	2	6	7	4	5	3	9	1	6	7	2	4	8	5	3	6	2	1	9	7
3	7	5	2	1	9	6	8	4	3	9	5	2	1	7	4	8	9	3	6	5
1	4	9	8	6	3	5	7	2	4	8	1	6	3	9	7	5	1	2	8	4
								7	5	9	2	6	8	3	4	1				
								8	2	3	9	1	4	5	7	6				
								4	1	6	7	5	3	8	9	2				
1	5	8	3	6	2	9	4	7	8	2	6	1	5	3	2	6	8	4	9	7
4	3	2	9	7	5	1	6	8	5	3	7	9	2	4	5	1	7	6	3	8
7	9	6	1	4	8	2	3	5	1	4	9	7	6	8	4	9	3	5	1	2
2	6	1	4	8	9	5	7	3			8	7	6	9	4	5	1	2	3
9	4	7	2	3	5	6	8	1			4	9	2	3	7	1	8	6	5
3	8	5	7	1	6	8	2	9	7	4		5	3	1	6	8	2	9	7	4
8	1	3	5	2	4	7	9	6			6	1	7	8	3	4	2	5	9
6	7	4	8	9	1	3	5	2			2	4	9	7	5	6	3	8	1
5	2	9	6	3	7	8	1	4			3	8	5	1	2	9	7	4	6

#21

Top-left grid:
```
7 2 5 | 9 8 4 | 1 3 6
4 3 1 | 6 2 5 | 9 7 8
8 6 9 | 3 7 1 | 2 4 5
------+-------+------
5 7 8 | 1 6 2 | 3 9 4
2 1 3 | 8 4 9 | 5 6 7
9 4 6 | 7 5 3 | 8 2 1
------+-------+------
3 5 4 | 2 1 7 | 6 8 9
6 9 7 | 5 3 8 | 4 1 2
1 8 2 | 4 9 6 | 7 5 3
```

Top-right grid:
```
3 4 7 | 9 5 2 | 6 1 8
2 1 8 | 3 6 4 | 5 9 7
5 9 6 | 1 7 8 | 3 4 2
------+-------+------
8 3 9 | 5 1 7 | 2 6 4
7 2 1 | 8 4 6 | 9 3 5
6 5 4 | 2 3 9 | 8 7 1
------+-------+------
1 7 5 | 6 8 3 | 4 2 9
9 8 3 | 4 2 1 | 7 5 6
4 6 2 | 7 9 5 | 1 8 3
```

Center bridge:
```
4 3 2     8 4 7 | 2 5 6 | 3 1 9
7 6 5     3 2 5 | 9 7 1 | 6 4 8
1 8 9     9 6 1 | 8 4 3 | 5 2 7
```

Bottom-left grid:
```
2 4 1 | 9 3 8 | 5 7 6
7 3 5 | 6 4 2 | 1 9 8
9 8 6 | 1 5 7 | 2 3 4
------+-------+------
3 7 4 | 8 9 1 | 6 2 5
6 1 8 | 7 2 5 | 9 4 3
5 9 2 | 3 6 4 | 8 1 7
------+-------+------
4 2 9 | 5 8 3 | 7 6 1
8 6 7 | 4 1 9 | 3 5 2
1 5 3 | 2 7 6 | 4 8 9
```

Bottom-right grid:
```
3 1 8 | 2 9 4 | 6 1 3 | 8 7 5
5 2 4 | 7 3 6 | 8 2 5 | 4 9 1
6 9 7 | 8 5 1 | 4 7 9 | 6 2 3
------+-------+---------+------
      | 1 4 2 | 7 3 6 | 5 8 9
      | 9 8 3 | 5 4 2 | 7 1 6
      | 5 6 7 | 1 9 8 | 2 3 4
      | 6 7 8 | 3 5 1 | 9 4 2
      | 3 2 5 | 9 8 4 | 1 6 7
      | 4 1 9 | 2 6 7 | 3 5 8
```

#22

Top-left grid:
```
9 5 2 | 3 6 8 | 7 4 1
3 8 1 | 4 5 7 | 2 9 6
6 7 4 | 9 2 1 | 5 3 8
------+-------+------
7 6 5 | 1 8 9 | 4 2 3
4 9 3 | 6 7 2 | 8 1 5
1 2 8 | 5 3 4 | 9 6 7
------+-------+------
2 4 6 | 7 1 5 | 3 8 9
8 3 7 | 2 9 6 | 1 5 4
5 1 9 | 8 4 3 | 6 7 2
```

Top-right grid:
```
8 4 3 | 5 6 2 | 7 9 1
5 1 7 | 9 4 8 | 6 2 3
2 6 9 | 3 7 1 | 4 5 8
------+-------+------
9 7 2 | 4 5 3 | 8 1 6
6 3 5 | 8 1 9 | 2 7 4
4 8 1 | 6 2 7 | 9 3 5
------+-------+------
1 5 6 | 2 9 4 | 3 8 7
7 2 8 | 1 3 6 | 5 4 9
3 9 4 | 7 8 5 | 1 6 2
```

Center bridge:
```
7 4 2   2 6 3 | 4 7 1 | 5 8 9
3 9 6   5 4 7 | 8 2 9 | 6 1 3
2 1 8   8 9 1 | 5 6 3 | 4 7 2
```

Bottom-left grid:
```
3 4 8 | 7 2 5 | 9 1 6
5 9 6 | 1 4 3 | 7 2 8
2 7 1 | 9 8 6 | 4 3 5
------+-------+------
1 5 7 | 4 6 9 | 2 8 3
8 2 3 | 5 1 7 | 6 4 9
4 9 6 | 8 3 2 | 1 5 7
------+-------+------
6 3 4 | 2 7 8 | 5 9 1
9 8 2 | 6 5 1 | 3 7 4
7 1 5 | 3 9 4 | 8 6 2
```

Bottom-right grid:
```
8 4 5 | 7 2 3 | 9 6 1
9 3 1 | 6 5 4 | 7 2 8
2 6 7 | 9 1 8 | 5 4 3
------+-------+------
4 8 6 | 1 3 9 | 2 5 7
3 1 2 | 5 7 6 | 8 9 4
5 7 9 | 8 4 2 | 1 3 6
------+-------+------
7 2 3 | 4 9 1 | 6 8 5
6 5 4 | 2 8 7 | 3 1 9
1 9 8 | 3 6 5 | 4 7 2
```

#23

Top-left grid:
```
9 3 5 | 2 4 6 | 1 7 8
2 1 4 | 5 8 7 | 6 3 9
8 7 6 | 3 1 9 | 5 2 4
------+-------+------
3 2 7 | 6 9 5 | 4 8 1
6 5 1 | 4 3 8 | 7 9 2
4 9 8 | 1 7 2 | 3 6 5
------+-------+------
7 6 2 | 8 5 1 | 9 4 3
5 8 3 | 9 6 4 | 2 1 7
1 4 9 | 7 2 3 | 8 5 6
```

Top-right grid:
```
1 8 5 | 3 9 4 | 6 2 7
9 3 7 | 6 8 2 | 5 4 1
4 2 6 | 7 5 1 | 8 3 9
------+-------+------
6 1 3 | 9 2 5 | 7 8 4
8 9 4 | 1 7 3 | 2 5 6
7 5 2 | 8 4 6 | 9 1 3
------+-------+------
5 6 1 | 2 3 9 | 4 7 8
3 4 8 | 5 6 7 | 1 9 2
2 7 9 | 4 1 8 | 3 6 5
```

Center bridge:
```
2 8 7   6 2 1 | 4 3 8 | 9 5 7
5 9 6   3 9 4 | 1 7 5 | 6 8 2
3 4 1   5 7 8 | 6 2 9 | 1 3 4
```

Bottom-left grid:
```
2 4 5 | 3 1 8 | 7 6 9
6 1 3 | 2 9 7 | 4 8 5
9 7 8 | 5 4 6 | 1 3 2
------+-------+------
7 2 4 | 6 3 1 | 9 5 8
3 9 6 | 4 8 5 | 2 7 1
5 8 1 | 7 2 9 | 6 4 3
------+-------+------
4 3 9 | 8 7 2 | 5 1 6
1 6 7 | 9 5 3 | 8 2 4
8 5 2 | 1 6 4 | 3 9 7
```

Bottom-right grid:
```
8 1 3 | 4 2 5 | 6 1 8 | 7 9 3
2 7 5 | 7 1 3 | 5 4 9 | 8 2 6
5 4   | 8 9 6 | 3 2 7 | 5 1 4
------+-------+-------+------
      | 6 7 2 | 1 9 3 | 4 8 5
      | 1 4 8 | 7 5 6 | 2 3 9
      | 3 5 9 | 4 8 2 | 6 7 1
      | 2 8 4 | 9 3 5 | 1 6 7
      | 9 6 1 | 8 7 4 | 3 5 2
      | 5 3 7 | 2 6 1 | 9 4 8
```

#24

Top-left grid:
```
9 7 8 | 6 3 4 | 5 2 1
5 3 4 | 2 1 8 | 6 7 9
1 6 2 | 9 7 5 | 8 4 3
------+-------+------
7 4 1 | 5 8 2 | 3 9 6
3 8 5 | 7 6 9 | 2 1 4
6 2 9 | 3 4 1 | 7 8 5
------+-------+------
2 1 6 | 8 9 3 | 4 5 7
4 5 3 | 1 2 7 | 9 6 8
8 9 7 | 4 5 6 | 1 3 2
```

Top-right grid:
```
3 6 1 | 2 9 5 | 4 8 7
7 2 8 | 6 3 4 | 9 5 1
5 4 9 | 8 1 7 | 2 3 6
------+-------+------
6 9 3 | 7 4 1 | 8 2 5
8 1 4 | 3 5 2 | 6 7 9
2 7 5 | 9 6 8 | 1 4 3
------+-------+------
1 3 2 | 4 7 9 | 5 6 8
4 5 7 | 1 8 6 | 3 9 2
9 8 6 | 5 2 3 | 7 1 4
```

Center bridge:
```
8 6 9   7 1 9 | 6 3 8 | 2 4 5
3 2 1   6 8 5 | 1 4 2 | 3 7 9
4 5 7   2 4 3 | 7 9 5 | 6 1 8
```

Bottom-left grid:
```
3 2 4 | 1 9 5 | 8 7 6
5 6 1 | 8 2 7 | 3 9 4
8 7 9 | 6 3 4 | 5 2 1
------+-------+------
2 5 7 | 3 1 6 | 4 8 9
1 4 6 | 5 8 9 | 7 3 2
9 8 3 | 7 4 2 | 1 6 5
------+-------+------
4 9 5 | 2 7 8 | 6 1 3
6 1 8 | 9 5 3 | 2 4 7
7 3 2 | 4 6 1 | 9 5 8
```

Bottom-right grid:
```
5 9 4 | 2 1 3 | 8 7 6
7 2 1 | 8 9 6 | 3 4 5
8 6 3 | 5 7 4 | 9 1 2
------+-------+------
4 3 9 | 7 5 1 | 2 6 8
2 7 5 | 3 6 8 | 4 9 1
6 1 8 | 9 4 2 | 5 3 7
------+-------+------
9 5 6 | 4 2 7 | 1 8 3
1 8 2 | 6 3 9 | 7 5 4
3 4 7 | 1 8 5 | 6 2 9
```

#25

8	4	1	2	6	3	7	5	9				8	7	3	9	5	1	4	6	2
2	9	3	7	8	5	4	6	1				9	6	1	4	2	8	7	3	5
6	7	5	1	9	4	3	8	2				4	5	2	7	3	6	9	1	8
9	5	8	3	2	1	6	7	4				2	3	9	8	1	7	6	5	4
3	1	2	4	7	6	8	9	5				1	4	5	3	6	9	8	2	7
4	6	7	8	5	9	2	1	3				6	8	7	2	4	5	1	9	3
7	8	9	5	4	2	1	3	6	2	7	8	5	9	4	6	7	3	2	8	1
5	3	4	6	1	7	9	2	8	4	3	5	7	1	6	5	8	2	3	4	9
1	2	6	9	3	8	5	4	7	1	9	6	3	2	8	1	9	4	5	7	6
									3	6	2	5	8	1	4	7	9			
									4	5	9	6	2	7	8	3	1			
									7	8	1	3	4	9	6	5	2			
1	9	3	2	4	6	8	7	5	9	6	2	1	4	3	2	8	9	6	5	7
5	2	4	1	7	8	6	9	3	7	1	4	2	8	5	6	4	7	1	3	9
7	8	6	5	3	9	2	1	4	8	5	3	9	6	7	5	3	1	2	8	4
9	3	8	6	2	4	1	5	7				4	1	9	8	2	3	5	7	6
6	4	5	9	1	7	3	2	8				3	2	6	9	7	5	4	1	8
2	1	7	3	8	5	9	4	6				7	5	8	1	6	4	3	9	2
8	6	9	4	5	1	7	3	2				5	7	1	4	9	6	8	2	3
3	5	1	7	6	2	4	8	9				6	3	2	7	5	8	9	4	1
4	7	2	8	9	3	5	6	1				8	9	4	3	1	2	7	6	5

#26

2	4	7	1	6	9	5	8	3				4	5	1	7	6	3	8	2	9
1	3	8	2	5	7	9	4	6				9	3	6	8	2	5	4	1	7
5	9	6	3	4	8	2	1	7				7	8	2	1	4	9	5	6	3
6	2	9	5	1	4	3	7	8				5	1	9	3	8	4	6	7	2
8	5	1	7	9	3	4	6	2				8	2	3	6	5	7	1	9	4
4	7	3	6	8	2	1	9	5				6	7	4	9	1	2	3	8	5
9	6	4	8	3	5	7	2	1	5	9	6	3	4	8	2	7	1	9	5	6
7	1	5	4	2	6	8	3	9	7	1	4	2	6	5	4	9	8	7	3	1
3	8	2	9	7	1	6	5	4	3	8	2	1	9	7	5	3	6	2	4	8
									1	9	2	6	5	8	4	7	3			
									4	8	5	2	7	3	9	1	6			
									3	7	6	9	4	1	5	8	2			
2	4	1	9	8	3	5	6	7	4	3	9	8	2	1	7	4	3	6	9	5
7	3	9	5	6	1	2	4	8	1	6	5	7	3	9	6	2	5	1	4	8
8	5	6	2	4	7	9	1	3	8	2	7	6	5	4	8	9	1	7	3	2
6	9	7	4	5	8	1	3	2				3	8	5	9	7	6	4	2	1
1	8	3	7	2	6	4	5	9				4	6	7	3	1	2	8	5	9
4	2	5	3	1	9	7	8	6				1	9	2	4	5	8	3	7	6
3	1	2	8	7	5	6	9	4				2	4	6	1	3	9	5	8	7
9	6	4	1	3	2	8	7	5				9	7	8	5	6	4	2	1	3
5	7	8	6	9	4	3	2	1				5	1	3	2	8	7	9	6	4

#27

3	2	5	4	7	9	8	1	6				5	9	7	6	2	4	3	8	1
6	8	4	5	3	1	7	2	9				3	2	1	9	5	8	6	7	4
7	1	9	6	2	8	3	5	4				4	8	6	7	3	1	9	5	2
1	9	7	2	5	6	4	3	8				6	3	2	4	8	5	1	9	7
2	4	6	7	8	3	5	9	1				9	4	8	2	1	7	5	6	3
5	3	8	9	1	4	6	7	2				1	7	5	3	6	9	2	4	8
9	5	2	8	4	7	1	6	3	9	7	8	2	5	4	8	9	3	7	1	6
8	6	3	1	9	5	2	4	7	3	1	5	8	6	9	1	7	2	4	3	5
4	7	1	3	6	2	9	8	5	4	2	6	7	1	3	5	4	6	8	2	9
									4	7	9	8	5	1	6	3	2			
									3	5	2	7	6	9	4	8	1			
									6	1	8	2	4	3	9	7	5			
7	2	5	6	1	9	8	3	4	5	9	7	1	2	6	7	4	5	8	9	3
3	6	8	5	2	4	7	9	1	6	3	2	5	4	8	1	3	9	7	2	6
9	4	1	7	3	8	5	2	6	1	8	4	3	9	7	2	6	8	4	5	1
6	3	9	8	5	1	4	7	2				7	1	2	9	8	3	5	6	4
8	1	4	3	7	2	9	6	5				9	5	4	6	1	7	2	3	8
5	7	2	4	9	6	3	1	8				6	8	3	5	2	4	1	7	9
2	8	6	9	4	7	1	5	3				8	3	5	4	7	6	9	1	2
1	5	7	2	8	3	6	4	9				2	6	9	8	5	1	3	4	7
4	9	3	1	6	5	2	8	7				4	7	1	3	9	2	6	8	5

#28

3	7	4	2	6	5	8	9	1				7	9	2	3	4	6	8	1	5
5	9	8	3	4	1	2	7	6				1	8	5	7	9	2	6	4	3
1	6	2	9	8	7	5	4	3				6	4	3	5	8	1	9	7	2
2	8	5	4	9	3	1	6	7				8	6	1	9	5	4	3	2	7
6	3	7	5	1	8	4	2	9				3	5	4	8	2	7	1	9	6
9	4	1	7	2	6	3	5	8				2	7	9	1	6	3	5	8	4
8	2	6	1	5	9	7	3	4	5	6	1	9	2	8	6	7	5	4	3	1
7	5	9	8	3	4	6	1	2	8	4	9	5	3	7	4	1	9	2	6	8
4	1	3	6	7	2	9	8	5	2	3	7	4	1	6	2	3	8	7	5	9
									3	2	1	7	5	4	8	6	9			
									5	9	8	6	1	2	7	4	3			
									4	7	6	3	9	8	1	5	2			
4	2	5	8	3	7	1	6	9	4	7	3	2	8	5	3	4	6	9	1	7
8	6	3	4	9	1	2	5	7	1	8	6	3	9	4	1	8	7	2	6	5
9	7	1	6	2	5	8	4	3	9	2	5	6	7	1	9	5	2	4	8	3
6	1	7	5	4	2	3	9	8				1	3	9	6	2	8	7	5	4
5	8	9	1	7	3	4	2	6				7	4	8	5	9	3	6	2	1
3	4	2	9	6	8	5	7	1				5	6	2	7	1	4	8	3	9
2	9	8	3	5	6	7	1	4				4	5	7	2	6	1	3	9	8
1	5	4	7	8	9	6	3	2				9	6	3	8	7	5	1	4	2
7	3	6	2	1	4	9	8	5				8	1	2	4	3	9	5	7	6

#29

1	8	2	6	3	7	9	4	5				8	1	2	7	5	3	9	6	4
3	4	7	2	9	5	6	1	8				3	4	9	1	8	6	5	7	2
5	9	6	1	8	4	2	3	7				5	6	7	9	2	4	1	3	8
6	7	1	5	4	2	3	8	9				6	2	3	4	9	5	8	1	7
8	2	9	3	1	6	7	5	4				7	5	1	3	6	8	4	2	9
4	5	3	8	7	9	1	6	2				4	9	8	2	7	1	3	5	6
2	6	4	9	5	3	8	7	1	6	4	2	9	3	5	6	4	2	7	8	1
9	1	5	7	6	8	4	2	3	9	5	8	1	7	6	8	3	9	2	4	5
7	3	8	4	2	1	5	9	6	1	7	3	2	8	4	5	1	7	6	9	3
									2	8	4	3	1	7	6	5	9			
									9	3	7	4	6	5	8	2	1			
									1	6	5	8	2	9	7	4	3			
9	4	5	2	7	3	6	1	8	2	3	4	5	9	7	8	1	2	4	3	6
2	3	6	8	1	5	7	4	9	5	8	6	3	1	2	5	4	6	7	9	8
7	8	1	4	9	6	3	5	2	7	9	1	4	6	8	7	9	3	2	1	5
3	6	9	7	4	2	5	8	1				7	2	5	6	3	9	8	4	1
4	7	8	5	3	1	9	2	6				1	3	4	2	5	8	9	6	7
5	1	2	6	8	9	4	3	7				6	8	9	4	7	1	5	2	3
6	5	7	3	2	8	1	9	4				9	5	3	1	2	7	6	8	4
8	9	3	1	6	4	2	7	5				8	4	1	9	6	5	3	7	2
1	2	4	9	5	7	8	6	3				2	7	6	3	8	4	1	5	9

#30

6	7	4	3	8	5	1	2	9				4	7	1	5	8	3	2	6	9
8	9	3	7	1	2	6	5	4				5	6	9	4	1	2	7	3	8
2	5	1	6	4	9	3	8	7				3	8	2	6	9	7	1	4	5
9	8	6	5	3	4	7	1	2				1	4	8	9	7	6	3	5	2
4	1	7	2	6	8	5	9	3				2	9	3	8	4	5	6	7	1
5	3	2	1	9	7	4	6	8				7	5	6	3	2	1	8	9	4
1	6	9	8	7	3	2	4	5	3	6	8	9	1	7	2	3	4	5	8	6
7	4	5	9	2	6	8	3	1	5	9	7	6	2	4	7	5	8	9	1	3
3	2	8	4	5	1	9	7	6	1	4	2	8	3	5	1	6	9	4	2	7
									1	2	9	6	7	5	4	8	3			
									5	6	7	4	8	3	1	9	2			
									4	8	3	2	1	9	5	7	6			
6	2	1	4	5	7	3	9	8	7	5	6	2	4	1	3	8	6	5	9	7
7	5	4	8	9	3	6	1	2	8	3	4	7	5	9	4	2	1	8	3	6
3	8	9	6	1	2	7	5	4	9	2	1	3	6	8	9	5	7	4	1	2
5	6	7	2	8	4	9	3	1				6	3	5	1	7	9	2	4	8
4	1	2	9	3	6	8	7	5				9	7	2	8	3	4	6	5	1
9	3	8	1	7	5	4	2	6				8	1	4	2	6	5	9	7	3
1	7	3	5	6	8	2	4	9				4	8	6	7	9	3	1	2	5
2	9	6	3	4	1	5	8	7				5	9	7	6	1	2	3	8	4
8	4	5	7	2	9	1	6	3				1	2	3	5	4	8	7	6	9

31

3	7	2	5	9	1	6	8	4				7	2	3	6	8	9	4	5	1
1	4	6	3	7	8	5	9	2				4	6	5	2	1	7	9	8	3
9	8	5	6	4	2	7	1	3				9	8	1	5	3	4	6	7	2
7	2	1	9	3	5	4	6	8				5	3	2	4	7	1	8	9	6
6	5	3	8	1	4	2	7	9				8	4	7	9	6	3	2	1	5
4	9	8	7	2	6	3	5	1				1	9	6	8	5	2	3	4	7
5	3	4	1	6	9	8	2	7	1	4	3	6	5	9	1	2	8	7	3	4
2	6	9	4	8	7	1	3	5	6	9	8	2	7	4	3	9	5	1	6	8
8	1	7	2	5	3	9	4	6	7	2	5	3	1	8	7	4	6	5	2	9
									3	5	2	9	8	6	1	4	7			
									7	8	9	2	1	4	5	3	6			
									6	1	4	5	3	7	8	9	2			
3	9	1	4	6	2	5	7	8	4	6	1	9	2	3	8	1	6	5	4	7
2	6	5	1	8	7	4	9	3	8	5	2	7	6	1	9	5	4	8	3	2
7	8	4	9	5	3	2	6	1	3	7	9	4	8	5	3	2	7	1	9	6
5	3	8	6	1	9	7	4	2				1	4	8	2	6	9	3	7	5
6	7	9	3	2	4	1	8	5				6	9	2	5	7	3	4	8	1
4	1	2	8	7	5	9	3	6				3	5	7	4	8	1	2	6	9
1	2	3	7	4	8	6	5	9				5	1	4	7	9	8	6	2	3
8	5	7	2	9	6	3	1	4				2	3	9	6	4	5	7	1	8
9	4	6	5	3	1	8	2	7				8	7	6	1	3	2	9	5	4

#32

3	7	2	1	5	4	6	8	9				6	5	3	9	7	2	8	4	1
5	8	4	3	6	9	1	2	7				9	7	8	3	1	4	2	6	5
6	9	1	8	7	2	3	5	4				4	2	1	6	5	8	9	7	3
7	5	9	2	3	8	4	1	6				1	3	6	4	2	9	7	5	8
4	1	8	6	9	5	7	3	2				5	4	7	8	3	1	6	2	9
2	3	6	4	1	7	5	9	8				8	9	2	7	6	5	1	3	4
1	2	7	5	8	6	9	4	3	7	8	1	2	6	5	1	8	3	4	9	7
9	4	3	7	2	1	8	6	5	2	4	3	7	1	9	5	4	6	3	8	2
8	6	5	9	4	3	2	7	1	5	6	9	3	8	4	2	9	7	5	1	6
									4	2	6	1	3	7	9	5	8			
									3	1	9	6	5	8	4	7	2			
									7	5	8	4	9	2	6	3	1			
2	7	8	9	5	6	1	3	4	9	7	5	8	2	6	1	7	5	9	4	3
3	5	9	1	7	4	6	8	2	3	1	4	5	9	7	6	4	3	8	2	1
6	4	1	8	2	3	5	9	7	8	2	6	1	4	3	2	9	8	5	7	6
1	6	4	7	3	9	8	2	5				2	3	4	8	1	6	7	5	9
5	9	7	2	6	8	4	1	3				7	1	9	4	5	2	3	6	8
8	3	2	5	4	1	9	7	6				6	8	5	9	3	7	2	1	4
7	1	3	6	9	5	2	4	8				3	5	8	7	6	4	1	9	2
4	8	5	3	1	2	7	6	9				4	7	1	3	2	9	6	8	5
9	2	6	4	8	7	3	5	1				9	6	2	5	8	1	4	3	7

#33

#34

#35

#36

#37

6	9	4	7	5	1	3	2	8				2	9	7	8	1	6	4	3	5
5	1	7	3	2	8	9	6	4				4	1	3	7	5	2	8	9	6
2	3	8	4	6	9	7	1	5				5	6	8	4	9	3	1	7	2
4	8	9	2	7	3	1	5	6				6	4	5	9	3	1	7	2	8
7	5	1	6	8	4	2	9	3				1	7	9	5	2	8	3	6	4
3	2	6	9	1	5	4	8	7				3	8	2	6	7	4	5	1	9
1	4	3	5	9	6	8	7	2	4	5	1	9	3	6	1	4	5	2	8	7
9	6	2	8	4	7	5	3	1	9	8	6	7	2	4	3	8	9	6	5	1
8	7	5	1	3	2	6	4	9	3	2	7	8	5	1	2	6	7	9	4	3
									2	5	7	8	4	9	6	1	3			
									9	8	4	6	1	3	2	7	5			
									1	6	3	2	7	5	4	8	9			
3	4	2	8	6	1	7	9	5	1	6	8	3	4	2	6	7	9	8	1	5
5	8	7	9	3	2	4	1	6	7	3	2	5	9	8	1	2	3	6	4	7
9	6	1	7	5	4	3	2	8	5	9	4	1	6	7	5	4	8	2	9	3
2	9	4	6	7	8	1	5	3				4	5	3	8	6	7	9	2	1
6	7	3	1	2	5	8	4	9				8	1	6	9	5	2	7	3	4
1	5	8	4	9	3	2	6	7				2	7	9	3	1	4	5	6	8
7	2	5	3	4	9	6	8	1				9	3	1	2	8	5	4	7	6
4	1	6	5	8	7	9	3	2				6	8	4	7	9	1	3	5	2
8	3	9	2	1	6	5	7	4				7	2	5	4	3	6	1	8	9

#38

2	3	7	4	8	1	6	9	5				3	1	5	4	7	2	8	6	9
5	6	8	3	2	9	1	4	7				2	7	6	3	9	8	5	1	4
4	1	9	7	6	5	8	2	3				4	9	8	6	1	5	3	7	2
3	2	5	6	9	7	4	1	8				5	6	2	1	3	7	4	9	8
7	9	6	1	4	8	5	3	2				1	4	7	5	8	9	2	3	6
8	4	1	5	3	2	7	6	9				9	8	3	2	4	6	1	5	7
1	7	3	2	5	6	9	8	4	2	7	5	6	3	1	7	2	4	9	8	5
9	5	4	8	1	3	2	7	6	3	1	9	8	5	4	9	6	1	7	2	3
6	8	2	9	7	4	3	5	1	4	6	8	7	2	9	8	5	3	6	4	1
									5	4	8	7	3	2	1	9	6			
									6	9	2	5	8	1	3	4	7			
									7	1	3	9	4	6	5	8	2			
9	3	8	5	2	1	4	6	7	8	2	3	9	1	5	2	6	4	7	3	8
4	1	5	3	7	6	8	2	9	1	5	7	4	6	3	8	5	7	1	2	9
7	2	6	9	8	4	1	3	5	6	9	4	2	7	8	9	1	3	6	4	5
8	5	7	1	3	2	9	4	6				1	9	6	5	7	2	3	8	4
1	6	3	4	9	5	2	7	8				3	2	4	1	9	8	5	6	7
2	4	9	7	6	8	5	1	3				5	8	7	4	3	6	2	9	1
3	8	2	6	1	9	7	5	4				6	5	2	7	8	9	4	1	3
5	7	1	8	4	3	6	9	2				8	4	1	3	2	5	9	7	6
6	9	4	2	5	7	3	8	1				7	3	9	6	4	1	8	5	2

#39

4	7	3	5	8	2	6	1	9				2	9	3	4	7	5	6	1	8
1	2	6	7	3	9	5	8	4				6	5	1	2	3	8	4	9	7
9	8	5	6	4	1	7	3	2				7	8	4	6	1	9	3	2	5
6	4	8	9	2	7	1	5	3				3	1	9	7	5	4	8	6	2
3	1	9	8	5	4	2	7	6				4	2	7	1	8	6	9	5	3
7	5	2	3	1	6	9	4	8				8	6	5	9	2	3	1	7	4
8	3	1	2	9	5	4	6	7	5	2	1	9	3	8	5	6	2	7	4	1
5	9	7	4	6	3	8	2	1	9	3	4	5	7	6	3	4	1	2	8	9
2	6	4	1	7	8	3	9	5	7	8	6	1	4	2	8	9	7	5	3	6
									1	4	6	2	9	3	7	8	5			
									5	8	2	6	4	7	3	9	1			
									9	7	3	8	1	5	2	6	4			
8	4	3	6	5	2	7	1	9	4	5	8	6	2	3	7	5	1	4	9	8
7	1	2	3	4	9	6	5	8	3	7	2	4	1	9	3	8	2	5	7	6
9	5	6	8	7	1	2	3	4	1	6	9	8	5	7	9	6	4	3	2	1
6	8	9	7	1	3	4	2	5				3	8	2	5	1	6	9	4	7
3	2	1	4	8	5	9	6	7				7	6	5	4	9	3	1	8	2
4	7	5	9	2	6	1	8	3				9	4	1	2	7	8	6	5	3
2	9	8	5	6	7	3	4	1				1	9	6	8	4	7	2	3	5
5	6	7	1	3	4	8	9	2				5	3	8	1	2	9	7	6	4
1	3	4	2	9	8	5	7	6				2	7	4	6	3	5	8	1	9

#40

3	6	5	9	4	1	7	8	2				8	3	1	2	6	9	7	5	4
2	7	9	5	8	6	4	1	3				9	5	6	3	4	7	1	2	8
4	1	8	3	2	7	6	9	5				2	4	7	5	8	1	3	9	6
8	3	2	1	6	4	5	7	9				1	2	5	6	3	8	4	7	9
5	4	7	2	9	8	3	6	1				7	8	3	1	9	4	5	6	2
6	9	1	7	5	3	2	4	8				4	6	9	7	2	5	8	1	3
9	5	4	8	7	2	1	3	6	8	2	7	5	9	4	8	1	6	2	3	7
7	8	3	6	1	5	9	2	4	6	1	5	3	7	8	9	5	2	6	4	1
1	2	6	4	3	9	8	5	7	9	3	4	6	1	2	4	7	3	9	8	5
									2	4	5	3	7	6	1	8	9			
									7	6	9	4	8	1	2	5	3			
									3	1	8	2	5	9	7	4	6			
9	4	5	1	3	8	6	7	2	1	9	8	4	3	5	9	2	7	8	1	6
3	8	6	5	7	2	4	9	1	5	6	3	8	2	7	6	3	1	9	5	4
7	2	1	9	4	6	5	8	3	7	4	2	9	6	1	8	4	5	3	2	7
8	9	2	4	6	7	1	3	5				2	5	9	4	6	8	1	7	3
4	5	3	8	2	1	7	6	9				6	7	3	5	1	9	2	4	8
1	6	7	3	5	9	2	4	8				1	8	4	3	7	2	6	9	5
6	7	9	2	8	5	3	1	4				7	4	2	1	8	3	5	6	9
5	1	4	6	9	3	8	2	7				5	1	8	7	9	6	4	3	2
2	3	8	7	1	4	9	5	6				3	9	6	2	5	4	7	8	1

#41

2	6	7	9	4	5	8	1	3				2	7	4	8	3	9	6	5	1
8	4	9	2	1	3	7	6	5				3	9	5	6	2	1	7	8	4
3	1	5	7	6	8	4	9	2				1	8	6	5	4	7	9	2	3
5	3	6	4	2	7	1	8	9				6	4	1	7	5	8	3	9	2
4	8	1	5	3	9	6	2	7				9	2	8	3	1	4	5	6	7
7	9	2	6	8	1	5	3	4				7	5	3	9	6	2	1	4	8
1	2	8	3	5	4	9	7	6	4	3	8	5	1	2	4	9	3	8	7	6
9	5	3	8	7	6	2	4	1	7	5	6	8	3	9	2	7	6	4	1	5
6	7	4	1	9	2	3	5	8	1	2	9	4	6	7	1	8	5	2	3	9
						7	2	4	6	9	5	1	8	3						
						6	1	3	8	4	7	9	2	5						
						8	9	5	3	1	2	6	7	4						
3	8	7	9	4	1	5	6	2	9	7	1	3	4	8	5	9	7	6	2	1
9	5	1	3	6	2	4	8	7	5	6	3	2	9	1	4	3	6	8	5	7
6	4	2	8	7	5	1	3	9	2	8	4	7	5	6	2	1	8	9	3	4
8	9	6	2	5	3	7	4	1				4	1	7	8	5	2	3	9	6
1	2	4	7	9	8	6	5	3				5	2	9	7	6	3	1	4	8
5	7	3	4	1	6	2	9	8				6	8	3	1	4	9	2	7	5
4	3	8	6	2	7	9	1	5				8	3	5	6	2	4	7	1	9
2	1	9	5	8	4	3	7	6				9	6	4	3	7	1	5	8	2
7	6	5	1	3	9	8	2	4				1	7	2	9	8	5	4	6	3

#42

2	8	5	3	1	9	7	4	6				6	2	7	4	9	1	3	8	5
1	9	3	4	7	6	8	5	2				4	8	3	2	7	5	6	1	9
7	4	6	8	5	2	1	3	9				5	9	1	3	6	8	4	2	7
3	7	8	2	4	5	6	9	1				8	6	4	5	3	2	9	7	1
5	6	4	7	9	1	2	8	3				2	1	9	7	8	4	5	6	3
9	1	2	6	8	3	5	7	4				3	7	5	6	1	9	8	4	2
6	2	7	5	3	4	9	1	8	3	2	4	7	5	6	8	2	3	1	9	4
4	5	1	9	2	8	3	6	7	5	8	9	1	4	2	9	5	6	7	3	8
8	3	9	1	6	7	4	2	5	1	6	7	9	3	8	1	4	7	2	5	6
						8	7	6	9	3	2	5	1	4						
						2	3	1	4	7	5	8	6	9						
						5	9	4	6	1	8	3	2	7						
1	4	9	8	3	6	7	5	2	8	4	3	6	9	1	5	8	3	4	7	2
6	3	2	4	7	5	1	8	9	2	5	6	4	7	3	2	6	9	5	1	8
7	5	8	9	2	1	6	4	3	7	9	1	2	8	5	7	4	1	9	3	6
4	1	5	7	9	3	2	6	8				5	6	4	9	3	2	1	8	7
8	9	6	1	4	2	3	7	5				7	2	8	1	5	6	3	4	9
3	2	7	5	6	8	4	9	1				3	1	9	8	7	4	2	6	5
5	7	4	3	1	9	8	2	6				1	3	7	6	2	5	8	9	4
2	8	1	6	5	7	9	3	4				8	4	2	3	9	7	6	5	1
9	6	3	2	8	4	5	1	7				9	5	6	4	1	8	7	2	3

#43

6	4	7	2	1	9	8	5	3				4	1	3	9	6	2	5	7	8
2	5	3	4	8	7	9	1	6				6	5	7	1	8	3	4	9	2
1	8	9	3	5	6	4	7	2				8	9	2	7	5	4	1	6	3
8	7	5	1	4	2	6	3	9				2	3	8	6	9	1	7	5	4
3	2	4	9	6	5	7	8	1				5	7	1	3	4	8	9	2	6
9	1	6	8	7	3	2	4	5				9	6	4	5	2	7	8	3	1
5	3	8	6	9	4	1	2	7	9	6	4	3	8	5	4	7	6	2	1	9
4	9	2	7	3	1	5	6	8	2	7	3	1	4	9	2	3	5	6	8	7
7	6	1	5	2	8	3	9	4	1	5	8	7	2	6	8	1	9	3	4	5
						4	7	6	5	2	9	8	3	1						
						8	1	5	3	4	7	9	6	2						
						9	3	2	8	1	6	4	5	7						
6	2	9	5	4	3	7	8	1	6	3	2	5	9	4	1	7	3	8	2	6
7	1	4	2	9	8	6	5	3	4	9	1	2	7	8	6	9	5	1	3	4
3	8	5	6	1	7	2	4	9	7	8	5	6	1	3	2	4	8	7	5	9
8	4	7	9	2	5	1	3	6				7	8	6	5	3	9	4	1	2
5	9	1	3	6	4	8	7	2				4	5	1	8	2	6	3	9	7
2	6	3	7	8	1	5	9	4				3	2	9	7	1	4	6	8	5
9	5	6	8	3	2	4	1	7				9	6	7	3	5	1	2	4	8
4	7	2	1	5	9	3	6	8				1	4	2	9	8	7	5	6	3
1	3	8	4	7	6	9	2	5				8	3	5	4	6	2	9	7	1

#44

2	5	4	3	7	1	9	8	6				1	7	3	8	4	9	5	2	6
3	6	8	9	2	5	7	4	1				8	2	4	6	7	5	1	3	9
7	9	1	4	6	8	2	5	3				6	9	5	3	2	1	4	8	7
9	4	7	6	1	2	8	3	5				2	8	7	9	1	4	3	6	5
1	8	5	7	4	3	6	9	2				4	6	9	7	5	3	8	1	2
6	3	2	8	5	9	1	7	4				5	3	1	2	8	6	9	7	4
5	2	9	1	8	4	3	6	7	4	5	2	9	1	8	5	6	2	7	4	3
4	7	3	2	9	6	5	1	8	6	7	9	3	4	2	1	9	7	6	5	8
8	1	6	5	3	7	4	2	9	8	3	1	7	5	6	4	3	8	2	9	1
						8	5	2	7	1	6	4	3	9						
						6	7	4	2	9	3	5	8	1						
						9	3	1	5	4	8	2	6	7						
4	2	3	9	1	5	7	8	6	3	2	5	1	9	4	6	2	8	5	7	3
8	1	7	6	3	4	2	9	5	1	8	4	6	7	3	9	4	5	8	1	2
9	6	5	8	7	2	1	4	3	9	6	7	8	2	5	3	7	1	4	9	6
7	4	6	5	2	1	8	3	9				3	8	6	2	1	4	9	5	7
3	9	8	4	6	7	5	2	1				5	1	2	7	3	9	6	4	8
2	5	1	3	9	8	6	7	4				7	4	9	5	8	6	2	3	1
5	8	2	1	4	3	9	6	7				2	6	7	4	9	3	1	8	5
1	3	9	7	8	6	4	5	2				4	5	8	1	6	7	3	2	9
6	7	4	2	5	9	3	1	8				9	3	1	8	5	2	7	6	4

#45

```
4 1 2 5 7 8 9 3 6     1 3 9 4 8 7 6 5 2
5 8 3 6 4 9 2 7 1     2 5 4 6 1 3 9 8 7
9 7 6 3 1 2 4 5 8     7 6 8 5 2 9 3 1 4
2 6 8 4 5 1 3 9 7     3 7 5 9 4 6 1 2 8
3 5 9 2 6 7 1 8 4     4 8 2 3 7 1 5 6 9
1 4 7 9 8 3 6 2 5     9 1 6 8 5 2 4 7 3
6 9 4 8 3 5 7 1 2  8 6 9  5 4 3 2 6 8 7 9 1
8 2 1 7 9 4 5 6 3  7 2 4  8 9 1 7 3 5 2 4 6
7 3 5 1 2 6 8 4 9  3 1 5  6 2 7 1 9 4 8 3 5
           6 2 1 9 7 8 4 3 5
           9 7 5 1 4 3 2 6 8
           3 8 4 2 5 6 7 1 9
3 6 5 7 2 1 4 9 8  6 3 7  1 5 2 4 3 7 6 8 9
1 8 4 9 3 6 2 5 7  4 9 1  3 8 6 2 5 9 7 1 4
9 2 7 5 4 8 1 3 6  5 8 2  9 7 4 1 6 8 3 2 5
8 7 9 6 5 2 3 4 1     4 9 8 3 2 1 5 7 6
5 4 6 8 1 3 9 7 2     7 2 3 6 9 5 1 4 8
2 1 3 4 7 9 8 6 5     6 1 5 8 7 4 9 3 2
6 3 2 1 9 7 5 8 4     5 4 7 9 1 2 8 6 3
7 5 1 3 8 4 6 2 9     2 3 9 7 8 6 4 5 1
4 9 8 2 6 5 7 1 3     8 6 1 5 4 3 2 9 7
```

#46

```
7 6 5 4 2 3 8 1 9     2 8 7 1 6 4 9 3 5
3 1 2 9 8 5 6 4 7     5 9 3 7 2 8 1 6 4
4 8 9 6 7 1 5 2 3     4 6 1 3 9 5 7 2 8
6 3 4 5 9 2 7 8 1     8 7 5 2 3 9 4 1 6
1 9 7 8 4 6 3 5 2     6 4 9 8 5 1 3 7 2
5 2 8 1 3 7 4 9 6     3 1 2 4 7 6 8 5 9
2 7 1 3 5 4 9 6 8  2 7 5  1 3 4 6 8 2 5 9 7
9 5 6 7 1 8 2 3 4  8 1 9  7 5 6 9 4 3 2 8 1
8 4 3 2 6 9 1 7 5  3 4 6  9 2 8 5 1 7 6 4 3
           4 5 9 6 2 3 8 7 1
           8 1 3 4 9 7 2 6 5
           7 2 6 1 5 8 4 9 3
7 6 8 1 9 5 3 4 2  9 6 1  5 8 7 4 9 2 3 1 6
4 1 5 2 8 3 6 9 7  4 8 3  3 1 2 7 8 6 5 4 9
9 2 3 7 6 4 5 8 1  7 2 5  6 4 9 3 1 5 7 8 2
2 8 6 9 7 1 4 3 5     7 3 4 5 2 9 8 6 1
5 7 4 6 3 2 9 1 8     2 5 8 1 6 3 9 7 4
3 9 1 5 4 8 2 7 6     1 9 6 8 7 4 2 5 3
6 3 7 4 5 6 1 2 9     4 7 3 2 5 1 6 9 8
7 4 2 8 1 9 7 5 3     9 2 5 6 4 8 1 3 7
1 5 9 3 2 7 8 6 4     8 6 1 9 3 7 4 2 5
```

#47

```
5 8 1 3 6 9 7 2 4     5 2 3 9 8 4 1 7 6
3 7 2 4 8 5 1 6 9     8 4 7 6 1 2 9 5 3
9 6 4 7 1 2 3 5 8     9 6 1 3 5 7 4 2 8
4 5 3 9 7 8 6 1 2     2 7 8 4 9 6 5 3 1
6 1 7 2 3 4 9 8 5     4 1 6 2 3 5 8 9 7
2 9 8 1 5 6 4 7 3     3 9 5 8 7 1 6 4 2
8 2 9 6 4 7 5 3 1  7 4 9  6 8 2 7 4 9 3 1 5
1 4 6 5 2 3 8 9 7  6 2 5  1 3 4 5 2 8 7 6 9
7 3 5 8 9 1 2 4 6  1 8 3  7 5 9 1 6 3 2 8 4
           9 1 5 2 3 8 4 6 7
           6 7 3 4 5 1 9 2 8
           4 8 2 9 7 6 3 1 5
1 7 8 9 2 5 3 6 4  5 9 2  8 7 1 6 4 3 5 2 9
5 4 9 1 6 3 7 2 8  3 1 4  9 5 6 7 2 8 3 4 1
2 3 6 8 7 4 1 5 9  8 6 7  2 4 3 9 1 5 8 6 7
8 2 5 3 1 9 6 4 7     6 1 2 8 9 7 4 5 3
9 6 3 2 4 7 8 1 5     7 8 5 1 3 4 2 9 6
7 1 4 6 5 8 2 9 3     4 3 9 2 5 6 1 7 8
4 8 2 7 9 1 5 3 6     9 6 4 3 8 2 7 1 5
6 5 7 4 3 2 9 8 1     1 5 8 4 7 9 6 3 2
3 9 1 5 8 6 4 7 2     3 2 7 5 6 1 9 8 4
```

#48

```
8 2 5 6 3 4 7 9 1     7 8 9 1 4 5 2 3 6
1 4 9 5 7 2 8 3 6     3 2 6 8 9 7 1 4 5
7 6 3 1 8 9 4 2 5     5 1 4 3 2 6 8 7 9
9 7 8 3 6 5 2 1 4     6 4 7 2 3 1 9 5 8
2 3 4 7 9 1 6 5 8     8 3 2 6 5 9 7 1 4
6 5 1 4 2 8 9 3 7     1 9 5 4 7 8 6 2 3
4 9 7 8 5 3 1 6 2  9 8 5  4 7 3 9 6 2 5 8 1
3 1 6 2 4 7 5 8 9  4 3 7  2 6 1 5 8 3 4 9 7
5 8 2 9 1 6 3 4 7  1 6 2  9 5 8 7 1 4 3 6 2
           2 5 4 6 1 8 7 3 9
           6 7 8 5 9 3 1 4 2
           9 3 1 7 2 4 5 8 6
2 1 3 5 4 8 7 9 6  3 5 1  8 2 4 7 3 9 6 5
6 5 8 7 9 1 4 2 3  8 7 9  6 1 5 4 9 2 3 7 8
4 9 7 2 6 3 8 1 5  2 4 6  3 9 7 5 6 8 2 1 4
3 7 2 8 1 9 5 6 4     7 8 9 2 3 6 4 5 1
8 4 5 6 3 2 9 7 1     5 3 6 7 1 4 8 2 9
9 6 1 4 7 5 3 8 2     1 4 2 8 5 9 6 3 7
5 3 9 1 8 6 2 7 4     4 7 3 6 8 1 5 9 2
1 2 4 9 5 7 6 3 8     9 5 8 3 2 7 1 4 6
7 8 6 3 2 4 1 5 9     2 6 1 9 4 5 7 8 3
```

#49

#50

#51

#52

#53

```
2 3 9 | 6 1 5 | 7 8 4        1 4 2 | 6 3 8 | 7 9 5
6 4 5 | 7 8 2 | 1 3 9        3 9 6 | 7 1 5 | 4 8 2
8 1 7 | 3 9 4 | 2 5 6        8 7 5 | 2 9 4 | 1 6 3
------+-------+------        ------+-------+------
1 6 4 | 5 3 9 | 8 7 2        6 1 8 | 5 4 7 | 3 2 9
7 2 3 | 4 6 8 | 9 1 5        9 5 3 | 1 6 2 | 8 7 4
5 9 8 | 2 7 1 | 4 6 3        4 2 7 | 9 8 3 | 5 1 6
------+-------+------   +----+------+-------+------
4 5 6 | 8 2 7 | 3 9 1  |7 8 5|2 6 4 | 3 7 1 | 9 5 8
9 8 2 | 1 5 3 | 6 4 7  |9 2 3|5 8 1 | 4 2 9 | 6 3 7
3 7 1 | 9 4 6 | 5 2 8  |1 4 6|7 3 9 | 8 5 6 | 2 4 1
                       +-----+
              4 3 6 | 2 1 9 | 8 7 5
              7 8 5 | 3 6 4 | 9 1 2
              2 1 9 | 8 5 7 | 6 4 3
        +-----+------+-------+------+
8 7 3 | 1 6 2 | 9 5 4 | 6 3 8 | 1 2 7 | 3 5 6 | 4 8 9
2 5 4 | 7 8 9 | 1 6 3 | 5 7 2 | 4 9 8 | 1 7 2 | 6 3 5
9 1 6 | 5 3 4 | 8 7 2 | 4 9 1 | 3 5 6 | 9 8 4 | 2 1 7
------+-------+-------+-------+-------+-------+------
7 9 5 | 6 2 1 | 4 3 8           9 1 2 | 4 3 8 | 5 7 6
1 3 2 | 8 4 5 | 7 9 6           8 7 3 | 2 6 5 | 1 9 4
4 6 8 | 9 7 3 | 5 2 1           5 6 4 | 7 9 1 | 3 2 8
------+-------+------           ------+-------+------
3 2 7 | 4 9 8 | 6 1 5           2 3 5 | 8 4 9 | 7 6 1
5 4 9 | 3 1 6 | 2 8 7           6 8 1 | 5 2 7 | 9 4 3
6 8 1 | 2 5 7 | 3 4 9           7 4 9 | 6 1 3 | 8 5 2
```

#54

```
4 3 1 | 5 8 7 | 6 9 2        4 3 2 | 9 6 1 | 5 8 7
9 7 5 | 2 6 3 | 4 1 8        6 7 1 | 8 3 5 | 9 2 4
6 2 8 | 9 4 1 | 3 7 5        9 5 8 | 2 7 4 | 6 3 1
------+-------+------        ------+-------+------
2 8 4 | 3 1 6 | 7 5 9        5 6 9 | 7 8 2 | 1 4 3
7 5 3 | 4 9 2 | 8 6 1        3 8 4 | 6 1 9 | 2 7 5
1 9 6 | 8 7 5 | 2 4 3        2 1 7 | 4 5 3 | 8 9 6
------+-------+------   +----+------+-------+------
8 6 7 | 1 2 9 | 5 3 4  |8 7 9|1 2 6 | 3 9 7 | 4 5 8
3 1 2 | 7 5 4 | 9 8 6  |3 1 2|7 4 5 | 1 2 8 | 3 6 9
5 4 9 | 6 3 8 | 1 2 7  |5 6 4|8 9 3 | 5 4 6 | 7 1 2
                       +-----+
              3 4 9 | 1 2 7 | 5 6 8
              7 6 5 | 9 4 8 | 2 3 1
              8 1 2 | 6 3 5 | 9 7 4
        +-----+------+-------+------+
5 4 7 | 2 8 1 | 6 9 3 | 7 5 1 | 4 8 2 | 1 9 7 | 6 3 5
8 3 9 | 5 6 4 | 2 7 1 | 4 8 3 | 6 5 9 | 4 3 8 | 7 1 2
2 6 1 | 3 9 7 | 4 5 8 | 2 9 6 | 3 1 7 | 2 5 6 | 4 9 8
------+-------+-------+-------+-------+-------+------
9 7 8 | 1 3 6 | 5 4 2           2 7 8 | 9 4 5 | 3 6 1
6 2 4 | 7 5 8 | 1 3 9           1 4 5 | 6 2 3 | 9 8 7
1 5 3 | 9 4 2 | 7 8 6           9 3 6 | 7 8 1 | 5 2 4
------+-------+------           ------+-------+------
4 8 2 | 6 7 3 | 9 1 5           8 2 3 | 5 7 9 | 1 4 6
3 9 6 | 4 1 5 | 8 2 7           7 6 4 | 3 1 2 | 8 5 9
7 1 5 | 8 2 9 | 3 6 4           5 9 1 | 8 6 4 | 2 7 3
```

#55

```
6 1 4 | 8 7 3 | 5 2 9        9 4 6 | 8 1 3 | 7 5 2
9 2 3 | 4 1 5 | 8 6 7        3 5 1 | 6 7 2 | 9 4 8
5 8 7 | 2 6 9 | 4 1 3        2 8 7 | 4 9 5 | 6 1 3
------+-------+------        ------+-------+------
3 4 5 | 9 2 7 | 1 8 6        7 1 5 | 9 2 8 | 3 6 4
7 9 2 | 6 8 1 | 3 4 5        6 3 8 | 5 4 1 | 2 9 7
8 6 1 | 5 3 4 | 9 7 2        4 2 9 | 3 6 7 | 5 8 1
------+-------+------   +----+------+-------+------
1 7 6 | 3 5 8 | 2 9 4  |7 5 1|8 6 3 | 2 5 4 | 1 7 9
4 5 8 | 7 9 2 | 6 3 1  |2 9 8|5 7 4 | 1 3 9 | 8 2 6
2 3 9 | 1 4 6 | 7 5 8  |3 6 4|1 9 2 | 7 8 6 | 4 3 5
                       +-----+
              8 6 5 | 9 4 3 | 2 1 7
              9 1 3 | 8 2 7 | 6 4 5
              4 7 2 | 5 1 6 | 9 3 8
        +-----+------+-------+------+
4 5 6 | 1 9 8 | 3 2 7 | 6 8 9 | 4 5 1 | 3 2 8 | 9 7 6
1 8 7 | 6 2 3 | 5 4 9 | 1 3 2 | 7 8 6 | 4 5 9 | 2 1 3
3 2 9 | 7 5 4 | 1 8 6 | 4 7 5 | 3 2 9 | 1 6 7 | 8 4 5
------+-------+-------+-------+-------+-------+------
5 6 3 | 8 7 9 | 4 1 2           1 9 4 | 8 7 6 | 5 3 2
2 9 8 | 5 4 1 | 6 7 3           6 3 5 | 9 1 2 | 4 8 7
7 1 4 | 2 3 6 | 8 9 5           2 7 8 | 5 4 3 | 1 6 9
------+-------+------           ------+-------+------
8 7 2 | 4 6 5 | 9 3 1           9 6 3 | 2 8 4 | 7 5 1
9 4 5 | 3 1 2 | 7 6 8           8 1 2 | 7 3 5 | 6 9 4
6 3 1 | 9 8 7 | 2 5 4           5 4 7 | 6 9 1 | 3 2 8
```

#56

```
7 9 1 | 8 4 5 | 2 3 6        9 7 1 | 6 2 5 | 4 8 3
2 3 4 | 1 6 9 | 8 7 5        5 6 3 | 9 4 8 | 2 7 1
5 8 6 | 3 7 2 | 4 9 1        4 2 8 | 7 1 3 | 5 9 6
------+-------+------        ------+-------+------
6 5 3 | 4 8 1 | 7 2 9        1 8 2 | 5 7 6 | 3 4 9
1 2 7 | 9 5 3 | 6 4 8        7 4 5 | 1 3 9 | 6 2 8
9 4 8 | 7 2 6 | 1 5 3        6 3 9 | 2 8 4 | 1 5 7
------+-------+------   +----+------+-------+------
4 7 9 | 6 3 8 | 5 1 2  |3 7 4|8 9 6 | 4 5 1 | 7 3 2
8 1 5 | 2 9 4 | 3 6 7  |9 5 8|2 1 4 | 3 9 7 | 8 6 5
3 6 2 | 5 1 7 | 9 8 4  |6 1 2|3 5 7 | 8 6 2 | 9 1 4
                       +-----+
              1 9 5 | 8 4 6 | 7 2 3
              2 7 8 | 1 3 5 | 6 4 9
              4 3 6 | 7 2 9 | 5 8 1
        +-----+------+-------+------+
2 5 3 | 6 1 7 | 8 4 9 | 5 6 3 | 1 7 2 | 8 9 4 | 5 6 3
1 4 6 | 2 9 8 | 7 5 3 | 2 9 1 | 4 6 8 | 5 3 7 | 9 1 2
7 8 9 | 5 3 4 | 6 2 1 | 4 8 7 | 9 3 5 | 6 1 2 | 8 7 4
------+-------+-------+-------+-------+-------+------
9 3 7 | 4 5 1 | 2 8 6           3 4 9 | 2 5 1 | 6 8 7
6 1 4 | 7 8 2 | 9 3 5           7 2 6 | 9 4 8 | 1 3 5
8 2 5 | 9 6 3 | 4 1 7           5 8 1 | 7 6 4 | 3 2 9
------+-------+------           ------+-------+------
4 7 1 | 3 2 9 | 5 6 8           2 5 3 | 1 8 9 | 7 4 6
5 9 8 | 1 4 6 | 3 7 2           6 1 4 | 3 7 5 | 2 9 8
3 6 2 | 8 7 5 | 1 9 4           8 9 7 | 4 2 6 | 3 5 1
```

#57

```
4 7 6 5 2 9 3 1 8      6 9 7 1 3 4 5 2 8
8 3 5 1 7 6 2 4 9      8 5 4 6 2 9 1 7 3
2 1 9 8 4 3 7 6 5      1 2 3 5 7 8 9 6 4
5 9 4 7 6 2 8 3 1      3 7 1 8 9 6 4 5 2
6 8 1 9 3 5 4 7 2      5 8 9 7 4 2 6 3 1
3 2 7 4 8 1 9 5 6      2 4 6 3 1 5 7 8 9
9 5 3 2 1 4 6 8 7  9 3 2  4 1 5 2 8 7 3 9 6
1 4 8 6 9 7 5 2 3  1 4 7  9 6 8 4 5 3 2 1 7
7 6 2 3 5 8 1 9 4  8 6 5  7 3 2 9 6 1 8 4 5
            2 6 5 3 7 9 1 8 4
            9 7 1 4 5 8 3 2 6
            4 3 8 2 1 6 5 9 7
9 5 8 1 3 6 7 4 2  6 9 3  8 5 1 3 6 9 2 7 4
1 3 6 4 7 2 8 5 9  7 2 1  6 4 3 7 5 2 1 8 9
4 2 7 5 8 9 3 1 6  5 8 4  2 7 9 8 1 4 5 6 3
3 6 9 8 1 5 4 2 7         3 6 2 5 7 8 4 9 1
2 4 5 6 9 7 1 3 8         9 1 4 2 6 3 7 5 8
8 7 1 3 2 4 6 9 5         7 8 5 4 9 1 6 3 2
7 8 2 9 4 1 5 6 3         5 9 8 1 4 7 3 2 6
6 1 3 2 5 8 9 7 4         4 3 6 9 2 5 8 1 7
5 9 4 7 6 3 2 8 1         1 2 7 6 8 3 9 4 5
```

#58

```
9 6 7 3 4 2 5 8 1      8 3 1 6 2 5 9 4 7
5 8 1 6 9 7 4 2 3      9 6 5 3 7 4 8 1 2
3 2 4 8 1 5 7 6 9      2 7 4 9 1 8 3 6 5
7 9 3 5 2 4 8 1 6      4 5 8 2 3 7 6 9 1
4 1 2 7 6 8 9 3 5      7 2 9 4 6 1 5 3 8
8 5 6 1 3 9 2 4 7      6 1 3 5 8 9 7 2 4
6 7 5 4 8 1 3 9 2  7 5 8  1 4 6 8 5 3 2 7 9
2 3 8 9 7 6 1 5 4  6 2 9  3 8 7 1 9 2 4 5 6
1 4 9 2 5 3 6 7 8  3 4 1  5 9 2 7 4 6 1 8 3
            7 6 5 1 8 3 4 2 9
            8 1 3 2 9 4 6 7 5
            4 2 9 5 7 6 8 3 1
2 5 8 4 7 1 9 3 6  4 1 2  7 5 8 6 1 2 4 9 3
1 3 6 9 5 8 2 4 7  8 6 5  9 1 3 8 7 4 5 6 2
7 9 4 3 2 6 5 8 1  9 3 7  2 6 4 3 5 9 7 8 1
6 7 2 8 9 5 4 1 3         8 3 9 1 4 5 2 7 6
8 4 3 7 1 2 6 9 5         6 7 1 9 2 8 3 5 4
5 1 9 6 3 4 8 7 2         5 4 2 7 6 3 8 1 9
3 2 5 1 4 9 7 6 8         1 8 6 4 3 7 9 2 5
9 8 7 2 6 3 1 5 4         3 9 5 2 8 1 6 4 7
4 6 1 5 8 7 3 2 9         4 2 7 5 9 6 1 3 8
```

#59

```
8 2 3 4 6 9 1 5 7      7 3 6 1 2 9 4 5 8
1 4 9 3 7 5 8 2 6      5 1 8 4 6 7 9 3 2
5 6 7 1 2 8 9 3 4      2 9 4 3 8 5 7 1 6
3 7 8 6 9 4 5 1 2      3 4 5 8 1 2 6 9 7
2 1 5 8 3 7 4 6 9      1 8 2 7 9 6 5 4 3
4 9 6 2 5 1 3 7 8      9 6 7 5 4 3 2 8 1
7 3 4 5 8 2 6 9 1  2 4 7  8 5 3 2 7 4 1 6 9
9 5 1 7 4 6 3 8 2  5 1 6  4 7 9 6 3 1 8 2 5
6 8 2 9 1 3 7 4 5  8 9 3  6 2 1 9 5 8 3 7 4
            3 6 8 4 2 9 5 1 7
            4 1 2 3 7 5 9 8 6
            5 7 9 6 8 1 3 4 2
1 7 8 4 5 3 9 2 6  7 5 8  1 3 4 7 9 2 5 8 6
6 5 4 9 1 2 8 3 7  1 6 4  2 9 5 8 3 6 4 1 7
2 9 3 8 7 6 1 5 4  9 3 2  7 6 8 4 1 5 3 9 2
3 2 9 5 6 4 7 1 8         6 4 7 5 2 8 1 3 9
4 1 7 2 8 9 3 6 5         5 1 9 3 4 7 6 2 8
8 6 5 1 3 7 4 9 2         3 8 2 9 6 1 7 5 4
9 3 6 7 2 8 5 4 1         8 2 1 6 5 4 9 7 3
5 8 2 3 4 1 6 7 9         4 7 3 1 8 9 2 6 5
7 4 1 6 9 5 2 8 3         9 5 6 2 7 3 8 4 1
```

#60

```
6 1 2 5 7 3 8 4 9      9 3 2 1 5 7 6 4 8
4 8 5 1 9 2 7 3 6      4 8 1 6 2 9 5 3 7
9 7 3 4 6 8 2 5 1      5 6 7 3 4 8 9 2 1
3 5 6 7 1 9 4 8 2      3 9 5 7 6 4 8 1 2
1 2 7 6 8 4 5 9 3      2 4 8 5 9 1 3 7 6
8 4 9 3 2 5 6 1 7      7 1 6 8 3 2 4 9 5
7 6 4 8 3 1 9 2 5  3 6 1  8 7 4 9 1 6 2 5 3
5 9 1 2 4 7 3 6 8  4 2 7  1 5 9 2 8 3 7 6 4
2 3 8 9 5 6 1 7 4  8 9 5  6 2 3 4 7 5 1 8 9
            7 9 6 5 3 4 2 8 1
            4 1 2 9 7 8 3 6 5
            8 5 3 2 1 6 4 9 7
1 2 8 5 4 7 3 9 6  9 1 5 2  7 4 8 6 2 5 3 9 1
3 7 5 9 8 6 2 4 1  7 8 9   5 3 6 4 9 1 8 2 7
4 6 9 3 2 1 5 8 7  6 4 3   9 1 2 8 3 7 5 4 6
9 1 7 4 5 8 3 6 2         1 6 7 5 4 9 2 3 8
2 4 3 7 6 9 8 1 5         4 2 9 1 8 3 7 6 5
5 8 6 1 3 2 7 9 4         3 8 5 7 6 2 4 1 9
6 9 4 8 7 5 1 2 3         6 9 4 3 7 8 1 5 2
7 3 2 6 1 4 9 5 8         2 7 1 9 5 4 6 8 3
8 5 1 2 9 3 4 7 6         8 5 3 2 1 6 9 7 4
```

#61

```
2 5 6 1 7 3 8 9 4      1 8 2 3 7 4 6 9 5
4 7 8 6 5 9 2 3 1      3 4 9 6 1 5 8 7 2
1 3 9 4 8 2 7 5 6      7 6 5 9 2 8 4 1 3
7 1 2 3 9 5 4 6 8      9 1 3 8 6 7 2 5 4
3 8 4 7 1 6 5 2 9      4 5 6 2 3 9 7 8 1
6 9 5 8 2 4 3 1 7      2 7 8 4 5 1 9 3 6
8 4 3 2 6 1 9 7 5  1 3 6  8 2 4 1 9 3 5 6 7
9 2 1 5 4 7 6 8 3  2 4 7  5 9 1 7 4 6 3 2 8
5 6 7 9 3 8 1 4 2  9 5 8  6 3 7 5 8 2 1 4 9
               8 2 4 6 7 9 1 5 3
               7 6 9 3 1 5 2 4 8
               3 5 1 8 2 4 7 6 9
6 9 5 7 3 2 4 1 8  5 6 3  9 7 2 5 1 6 3 4 8
8 3 2 1 4 6 5 9 7  4 8 2  3 1 6 4 8 7 9 5 2
4 7 1 8 5 9 2 3 6  7 9 1  4 8 5 2 9 3 1 7 6
1 2 6 4 7 3 8 5 9         7 4 9 1 3 8 2 6 5
3 5 4 2 9 8 6 7 1         1 2 3 7 6 5 4 8 9
9 8 7 5 6 1 3 2 4         6 5 8 9 4 2 7 1 3
2 4 9 3 8 7 1 6 5         5 3 7 8 2 1 6 9 4
5 6 3 9 1 4 7 8 2         8 6 4 3 7 9 5 2 1
7 1 8 6 2 5 9 4 3         2 9 1 6 5 4 8 3 7
```

#62

```
2 6 3 7 4 5 1 9 8      4 9 7 8 6 5 3 1 2
1 4 9 3 8 6 5 2 7      2 1 8 3 7 4 9 5 6
7 8 5 1 9 2 6 3 4      3 6 5 2 9 1 4 8 7
6 9 2 8 5 3 7 4 1      5 3 1 6 2 9 8 7 4
8 7 1 6 2 4 9 5 3      9 2 6 4 8 7 5 3 1
3 5 4 9 1 7 2 8 6      8 7 4 5 1 3 6 2 9
9 2 8 4 7 1 3 6 5  2 7 4  1 8 9 7 3 6 2 4 5
5 3 7 2 6 8 4 1 9  8 3 6  7 5 2 9 4 8 1 6 3
4 1 6 5 3 9 8 7 2  9 5 1  6 4 3 1 5 2 7 9 8
               5 9 6 3 2 7 8 1 4
               2 8 1 6 4 9 5 3 7
               7 4 3 5 1 8 2 9 6
8 6 4 1 2 5 9 3 7  1 8 2  4 6 5 9 3 7 8 2 1
5 1 9 3 4 7 6 2 8  4 9 5  3 7 1 2 8 4 6 9 5
7 3 2 6 9 8 1 5 4  7 6 3  9 2 8 1 5 6 4 3 7
1 5 6 7 8 9 2 4 3         1 5 3 8 9 2 7 4 6
2 7 8 4 1 3 5 6 9         7 4 2 3 6 1 9 5 8
9 4 3 2 5 6 8 7 1         8 9 6 4 7 5 2 1 3
6 9 7 8 3 2 4 1 5         6 3 9 5 2 8 1 7 4
4 2 5 9 7 1 3 8 6         5 1 7 6 4 9 3 8 2
3 8 1 5 6 4 7 9 2         2 8 4 7 1 3 5 6 9
```

#63

```
3 2 5 9 8 7 4 1 6      6 2 5 3 7 8 4 1 9
1 7 8 5 4 6 9 3 2      7 3 1 4 2 9 8 5 6
9 6 4 2 3 1 8 7 5      8 4 9 5 6 1 7 3 2
5 4 9 7 6 3 1 2 8      2 7 4 6 3 5 1 9 8
2 3 7 8 1 5 6 4 9      3 1 8 9 4 7 2 6 5
8 1 6 4 2 9 3 5 7      5 9 6 8 1 2 3 4 7
4 5 3 6 9 2 7 8 1  4 5 2  9 6 3 7 8 4 5 2 1
7 9 1 3 5 8 2 6 4  9 8 3  1 5 7 2 9 3 6 8 4
6 8 2 1 7 4 5 9 3  1 7 6  4 8 2 1 5 6 9 7 3
               6 1 5 2 3 8 7 4 9
               8 2 9 5 4 7 6 3 1
               4 3 7 6 9 1 5 2 8
1 2 8 5 7 9 3 4 6  7 2 9  1 8 5 7 2 3 4 6 9
4 5 9 6 8 3 1 7 2  8 6 5  3 9 4 8 6 5 7 1 2
6 7 3 1 4 2 9 5 8  3 1 4  2 7 6 1 9 4 5 3 8
9 3 4 2 1 5 8 6 7         4 2 9 6 1 7 8 5 3
2 6 7 3 9 8 4 1 5         5 8 7 3 4 2 6 9 1
5 8 1 4 6 7 2 3 9         6 3 1 5 8 9 2 4 7
8 1 5 9 3 6 7 2 4         9 4 8 2 5 1 3 7 6
3 9 2 7 5 4 6 8 1         1 6 3 4 7 8 9 2 5
7 4 6 8 2 1 5 9 3         7 5 2 9 3 6 1 8 4
```

#64

```
9 4 6 3 8 1 7 5 2      3 1 4 5 9 6 7 2 8
1 8 2 5 9 7 4 6 3      9 7 2 1 3 8 6 5 4
3 7 5 2 4 6 9 1 8      6 8 5 4 7 2 9 1 3
5 6 4 8 7 3 1 2 9      4 2 6 7 5 9 3 8 1
7 9 3 6 1 2 8 4 5      1 3 9 6 8 4 2 7 5
2 1 8 9 5 4 6 3 7      8 5 7 2 1 3 4 6 9
4 5 9 1 3 8 2 7 6  9 8 3  5 4 1 9 6 7 8 3 2
6 3 1 7 2 9 5 8 4  1 2 6  7 9 3 8 2 5 1 4 6
8 2 7 4 6 5 3 9 1  4 5 7  2 6 8 3 4 1 5 9 7
               4 6 3 7 1 8 9 2 5
               1 5 9 2 6 4 3 8 7
               7 2 8 5 3 9 4 1 6
2 1 8 5 6 4 9 3 7  8 4 1  6 5 2 8 3 1 4 9 7
5 6 7 9 3 1 8 4 2  6 7 5  1 3 9 7 6 4 2 5 8
4 3 9 7 2 8 6 1 5  3 9 2  8 7 4 2 9 5 6 3 1
1 4 5 2 7 9 3 8 6         3 8 1 5 7 6 9 2 4
7 9 6 4 8 3 5 2 1         5 9 7 4 1 2 8 6 3
8 2 3 1 5 6 4 7 9         2 4 6 9 8 3 7 1 5
3 8 1 6 9 7 2 5 4         4 6 8 3 5 9 1 7 2
9 7 2 8 4 5 1 6 3         7 1 5 6 2 8 3 4 9
6 5 4 3 1 2 7 9 8         9 2 3 1 4 7 5 8 6
```

#65

8	9	1	6	4	7	5	3	2				9	2	8	7	1	6	3	4	5
2	6	4	5	8	3	7	9	1				5	6	1	4	9	3	2	8	7
7	5	3	9	2	1	8	6	4				3	7	4	2	8	5	6	1	9
1	8	6	7	5	9	4	2	3				4	3	2	8	6	9	5	7	1
9	7	2	8	3	4	6	1	5				1	9	7	5	4	2	8	6	3
3	4	5	1	6	2	9	7	8				6	8	5	1	3	7	9	2	4
6	3	8	2	9	5	1	4	7	3	6	8	2	5	9	6	7	1	4	3	8
5	2	7	4	1	6	3	8	9	1	2	5	7	4	6	3	5	8	1	9	2
4	1	9	3	7	8	2	5	6	7	4	9	8	1	3	9	2	4	7	5	6
			9	7	1	4	3	6	5	2	8									
			4	6	8	5	9	2	3	7	1									
			5	3	2	8	1	7	6	9	4									
8	4	6	2	3	1	7	9	5	6	8	4	1	3	2	4	5	8	9	7	6
9	3	2	7	8	5	6	1	4	2	7	3	9	8	5	7	2	6	3	4	1
5	7	1	6	9	4	8	2	3	9	5	1	4	6	7	1	9	3	8	5	2
2	1	9	5	7	6	3	4	8				2	7	3	9	4	5	6	1	8
3	5	7	8	4	9	2	6	1				8	1	9	3	6	7	4	2	5
4	6	8	1	2	3	9	5	7				6	5	4	2	8	1	7	3	9
6	8	3	4	1	2	5	7	9				3	9	8	5	1	4	2	6	7
1	9	5	3	6	7	4	8	2				7	2	1	6	3	9	5	8	4
7	2	4	9	5	8	1	3	6				5	4	6	8	7	2	1	9	3

#66

3	4	9	8	7	6	5	1	2				9	4	5	6	2	3	7	1	8
7	5	8	3	2	1	6	4	9				7	6	1	8	9	4	5	3	2
6	2	1	5	9	4	7	3	8				2	8	3	1	7	5	4	9	6
2	7	3	1	8	5	9	6	4				8	5	4	9	6	1	2	7	3
5	9	6	4	3	2	8	7	1				3	7	2	5	4	8	1	6	9
1	8	4	7	6	9	3	2	5				6	1	9	2	3	7	8	4	5
9	6	7	2	4	8	1	5	3	8	7	9	4	2	6	7	5	9	3	8	1
4	3	5	9	1	7	2	8	6	5	4	3	1	9	7	3	8	2	6	5	4
8	1	2	6	5	3	4	9	7	1	2	6	5	3	8	4	1	6	9	2	7
			5	2	9	4	3	8	7	6	1									
			3	7	8	2	6	1	9	5	4									
			6	4	1	7	9	5	2	8	3									
5	1	6	8	7	2	9	3	4	6	1	2	8	7	5	1	2	4	3	9	6
2	4	8	3	9	1	7	6	5	9	8	4	3	1	2	9	7	6	4	8	5
3	7	9	6	5	4	8	1	2	3	5	7	6	4	9	8	5	3	7	1	2
4	9	5	7	8	3	6	2	1				2	9	1	7	3	8	6	5	4
6	2	1	5	4	9	3	8	7				7	5	3	4	6	1	8	2	9
8	3	7	1	2	6	4	5	9				4	8	6	2	9	5	1	7	3
7	6	4	2	1	8	5	9	3				1	3	8	5	4	9	2	6	7
9	8	2	4	3	5	1	7	6				9	6	7	3	8	2	5	4	1
1	5	3	9	6	7	2	4	8				5	2	4	6	1	7	9	3	8

#67

4	5	6	9	7	2	8	1	3				7	3	9	8	6	4	1	2	5
1	8	7	6	3	4	5	9	2				2	1	8	9	7	5	3	6	4
2	3	9	5	8	1	6	7	4				4	5	6	2	1	3	8	9	7
3	4	2	1	6	7	9	5	8				3	8	5	1	4	9	2	7	6
6	7	5	3	9	8	4	2	1				6	9	2	7	3	8	5	4	1
9	1	8	4	2	5	3	6	7				1	7	4	6	5	2	9	3	8
7	9	3	2	4	6	1	8	5	6	4	3	9	2	7	5	8	6	4	1	3
8	6	1	7	5	3	2	4	9	8	1	7	5	6	3	4	9	1	7	8	2
5	2	4	8	1	9	7	3	6	5	2	9	8	4	1	3	2	7	6	5	9
			8	9	4	3	7	5	2	1	6									
			3	7	1	2	8	6	4	5	9									
			5	6	2	1	9	4	7	3	8									
5	1	8	6	4	3	9	2	7	4	6	1	3	8	5	7	2	6	4	1	9
2	4	3	9	1	7	6	5	8	7	3	2	1	9	4	3	8	5	2	7	6
9	7	6	5	2	8	4	1	3	9	5	8	6	7	2	1	4	9	5	8	3
1	3	4	2	8	5	7	6	9				4	6	8	2	1	3	7	9	5
6	2	9	4	7	1	8	3	5				2	3	9	4	5	7	1	6	8
7	8	5	3	9	6	2	4	1				5	1	7	9	6	8	3	4	2
3	5	2	7	6	9	1	8	4				7	4	3	6	9	2	8	5	1
8	6	7	1	3	4	5	9	2				8	2	6	5	7	1	9	3	4
4	9	1	8	5	2	3	7	6				9	5	1	8	3	4	6	2	7

#68

1	4	3	8	5	7	6	9	2				9	2	1	6	7	8	5	3	4
9	7	8	6	1	2	4	3	5				6	8	5	4	9	3	1	7	2
5	2	6	3	4	9	7	8	1				7	4	3	2	1	5	6	9	8
2	6	4	1	8	5	3	7	9				8	5	9	3	4	7	2	6	1
8	9	1	4	7	3	5	2	6				1	3	4	5	2	6	7	8	9
3	5	7	2	9	6	8	1	4				2	6	7	1	8	9	3	4	5
4	1	9	7	6	8	2	5	3	7	1	8	4	9	6	7	5	1	8	2	3
7	3	5	9	2	4	1	6	8	4	9	3	5	7	2	8	3	4	9	1	6
6	8	2	5	3	1	9	4	7	2	5	6	3	1	8	9	6	2	4	5	7
			5	7	6	9	4	1	8	2	3									
			8	9	1	5	3	2	7	6	4									
			4	3	2	6	8	7	9	5	1									
3	2	5	7	9	8	6	1	4	3	7	5	2	8	9	3	4	1	7	5	6
9	4	7	6	1	2	3	8	5	1	2	9	6	4	7	8	9	5	1	2	3
6	8	1	4	3	5	7	2	9	8	6	4	1	3	5	2	7	6	8	4	9
5	7	6	1	2	3	9	4	8				8	2	3	9	5	7	6	1	4
8	1	2	9	4	7	5	6	3				5	9	4	6	1	8	3	7	2
4	3	9	8	5	6	2	7	1				7	6	1	4	3	2	5	9	8
2	5	8	3	7	1	4	9	6				4	7	8	1	2	3	9	6	5
7	6	4	5	8	9	1	3	2				3	5	2	7	6	9	4	8	1
1	9	3	2	6	4	8	5	7				9	1	6	5	8	4	2	3	7

#69

4	7	3	6	5	2	1	8	9
2	8	9	3	4	1	7	6	5
6	5	1	7	9	8	4	2	3
5	1	7	8	6	9	2	3	4
9	4	2	1	3	5	6	7	8
3	6	8	2	7	4	9	5	1
1	9	6	5	8	7	3	4	2
8	3	4	9	2	6	5	1	7
7	2	5	4	1	3	8	9	6

6	9	5
2	8	4
1	7	3
2	3	1	9	6	7	4	5	8
7	5	8	4	2	1	6	9	3
9	6	4	3	5	8	1	2	7

6	5	3	8	2	9	7	4	1
4	1	8	3	7	5	2	6	9
7	9	2	6	4	1	8	5	3
5	8	4	2	6	3	9	1	7
1	3	6	9	8	7	5	2	4
9	2	7	5	1	4	3	8	6
8	7	1	4	3	2	6	9	5
3	6	9	1	5	8	4	7	2
2	4	5	7	9	6	1	3	8

3	8	9	7	1	4	6	2	5
4	2	5	8	9	6	1	7	3
1	7	6	2	3	5	4	8	9
2	5	8	1	6	9	7	3	4
6	4	7	5	8	3	9	1	2
9	3	1	4	7	2	8	5	6
8	9	3	6	2	1	5	4	7
7	6	4	3	5	8	2	9	1
5	1	2	9	4	7	3	6	8

8	3	9	7	1	4	8	9	5	6	3	2
5	4	6	9	8	2	3	6	7	4	5	1
7	1	2	5	3	6	1	4	2	9	7	8
			2	7	5	9	1	8	3	6	4
			3	4	1	2	5	6	8	9	7
			6	9	8	4	7	3	2	1	5
			1	2	9	5	3	4	7	8	6
			4	5	7	6	8	9	1	2	3
			8	6	3	7	2	1	5	4	9

#70

8	2	5	1	6	9	3	4	7
6	1	4	2	3	7	8	9	5
9	7	3	5	4	8	2	6	1
1	4	6	7	5	2	9	3	8
2	9	7	3	8	1	4	5	6
5	3	8	6	9	4	1	7	2
3	6	2	4	1	5	7	8	9
7	5	9	8	2	3	6	1	4
4	8	1	9	7	6	5	2	3

2	3	6
5	8	9
4	7	1
8	7	6	9	1	5	4	3	2
3	5	2	6	4	7	9	1	8
9	4	1	8	2	3	7	6	5

3	5	7	6	1	9	4	2	8
9	6	8	3	4	2	5	7	1
4	1	2	7	8	5	9	3	6
6	8	5	4	2	7	3	1	9
7	3	4	5	9	1	8	6	2
1	2	9	8	6	3	7	4	5
5	4	1	2	3	8	6	9	7
2	7	3	9	5	6	1	8	4
8	9	6	1	7	4	2	5	3

8	2	7	1	6	9	4	3	5
9	4	3	5	7	2	1	6	8
1	6	5	4	8	3	2	9	7
6	5	9	3	2	4	8	7	1
7	1	2	9	5	8	6	4	3
3	8	4	6	1	7	5	2	9
4	9	1	8	3	6	7	5	2
5	7	6	2	9	1	3	8	4
2	3	8	7	4	5	9	1	6

1	9	2	6	8	7	3	5	9	4	1	2
8	7	5	4	3	2	9	8	1	4	7	5	6
7	3	6	8	1	5	4	6	7	2	8	3	9
			5	1	6	4	9	3	2	8	7
			8	9	2	1	6	7	5	4	3
			4	7	3	5	2	8	9	6	1
			2	3	8	9	4	6	1	7	5
			7	4	5	2	3	1	6	9	8
			9	6	1	7	8	5	3	2	4

#71

1	8	9	3	5	2	6	7	4
3	7	6	9	1	4	2	5	8
4	5	2	7	8	6	9	1	3
6	2	1	4	7	3	5	8	9
9	3	7	8	6	5	4	2	1
8	4	5	2	9	1	3	6	7
2	1	4	6	3	7	8	9	5
5	6	8	1	4	9	7	3	2
7	9	3	5	2	8	1	4	6

7	2	4
6	1	5
8	3	9
6	1	9	5	8	3	4	7	2
3	7	8	1	4	2	6	5	9
2	5	4	9	7	6	1	3	8

4	5	6	2	9	8	3	1	7
1	3	8	6	5	7	4	9	2
2	7	9	3	1	4	6	8	5
8	1	5	4	2	9	7	3	6
6	4	3	7	8	1	2	5	9
7	9	2	5	3	6	1	4	8
3	6	1	8	7	5	9	2	4
9	8	4	1	6	2	5	7	3
5	2	7	9	4	3	8	6	1

5	1	4	6	2	3	9	8	7
3	7	2	8	9	5	4	6	1
8	6	9	4	7	1	5	2	3
4	5	1	2	8	7	3	9	6
9	8	7	1	3	6	2	4	5
2	3	6	5	4	9	1	7	8
1	4	5	9	6	8	7	3	2
7	9	8	3	1	2	6	5	4
6	2	3	7	5	4	8	1	9

3	6	1	8	7	5	9	2	4
2	4	5	7	8	1	9	6	3
7	9	3	4	6	5	2	1	8
8	1	6	2	9	3	5	7	4
6	8	1	3	5	7	4	2	9
5	3	7	9	4	2	6	8	1
1	5	4	8	7	6	3	9	2
9	7	2	1	3	4	8	5	6
3	6	8	5	2	9	1	4	7

#72

5	9	4	8	7	3	2	1	6
1	6	7	4	5	2	8	9	3
2	3	8	1	9	6	5	7	4
8	2	5	7	3	1	4	6	9
9	1	6	2	8	4	7	3	5
4	7	3	5	6	9	1	2	8
6	5	1	3	4	7	9	8	2
7	8	9	6	2	5	3	4	1
3	4	2	9	1	8	6	5	7

1	4	7
5	6	2
3	9	8
2	3	8	4	5	6	7	9	1
5	6	4	9	7	1	2	3	8
7	1	9	2	8	3	6	5	4

7	1	4	9	8	3	5	6	2
6	3	5	7	4	2	9	1	8
2	9	8	6	1	5	3	4	7
4	5	6	3	2	9	7	8	1
8	7	1	4	5	6	2	3	9
3	2	9	1	7	8	4	5	6
5	6	3	2	9	1	8	7	4
9	8	7	5	6	4	1	2	3
1	4	2	8	3	7	6	9	5

2	6	5	1	7	4	8	9	3
7	3	4	9	8	6	1	2	5
9	1	8	3	5	2	4	7	6
3	9	7	8	2	1	6	5	4
6	4	2	7	3	5	9	1	8
5	8	1	6	4	9	7	3	2
8	5	6	2	9	7	3	4	1
1	2	9	4	6	3	5	8	7
4	7	3	5	1	8	2	6	9

7	1	5	4	2	6	3	7	1	9	8	5
6	3	4	8	7	9	5	6	2	1	3	4
8	2	9	3	1	5	4	9	8	6	7	2
			1	5	7	9	3	4	8	2	6
			2	8	3	6	1	5	4	9	7
			6	9	4	8	2	7	3	5	1
			7	4	8	1	5	3	2	6	9
			9	3	2	7	4	6	5	1	8
			5	6	1	2	8	9	7	4	3

#73

#74

#75

#76

#77

8	2	6	9	7	5	3	4	1
3	4	7	1	8	2	6	5	9
1	9	5	6	4	3	2	7	8
5	3	2	4	9	6	8	1	7
6	1	8	3	5	7	4	9	2
4	7	9	2	1	8	5	3	6
2	5	3	7	6	9	1	8	4
7	8	1	5	2	4	9	6	3
9	6	4	8	3	1	7	2	5

5	4	1	3	7	6	2	9	8
2	8	9	5	4	1	3	6	7
3	7	6	9	2	8	4	5	1
7	1	2	8	9	5	6	3	4
4	6	8	7	3	2	9	1	5
9	3	5	6	1	4	7	8	2
6	2	3	1	8	7	5	4	9
1	5	7	4	6	9	8	2	3
8	9	4	2	5	3	1	7	6

middle: 5 9 7 / 2 4 8 / 6 3 1
middle: 4 1 9 7 8 3 5 6 2 / 6 7 8 1 2 5 4 3 9 / 5 3 2 9 6 4 7 8 1

9	2	4	3	7	6	8	5	1
7	8	3	1	5	9	2	4	6
1	5	6	2	8	4	3	9	7
2	3	9	5	6	7	4	1	8
5	6	8	4	1	3	9	7	2
4	7	1	9	2	8	5	6	3
3	9	2	7	4	1	6	8	5
8	1	5	6	9	2	7	3	4
6	4	7	8	3	5	1	2	9

3	7	2	9	4	6	7	2	8
8	1	9	3	7	5	6	1	4
7	4	5	6	2	1	8	3	5
4	3	2	8	6	5	9	1	7
7	8	9	2	4	1	5	3	6
6	5	1	9	7	3	8	4	2
8	9	4	1	3	2	7	6	5
1	6	3	5	9	7	4	2	8
5	2	7	4	8	6	3	9	1

#78

(Sudoku grids for puzzles #77, #78, #79, #80 arranged in a plus/cross shape)

#79

#80

#81

4	9	7	2	5	6	3	1	8
1	8	2	9	3	4	7	6	5
6	5	3	7	1	8	2	9	4
7	6	5	4	9	1	8	3	2
8	2	1	3	7	5	9	4	6
3	4	9	8	6	2	5	7	1
5	7	4	6	2	9	1	8	3
2	3	8	1	4	7	6	5	9
9	1	6	5	8	3	4	2	7

8	7	9	1	6	2	3	5	4
6	5	2	9	3	4	7	8	1
1	4	3	8	5	7	9	6	2
7	1	4	2	9	6	5	3	8
2	8	6	5	4	3	1	7	9
3	9	5	7	1	8	4	2	6
9	6	7	3	8	1	2	4	5
4	2	1	6	7	5	8	9	3
5	3	8	4	2	9	6	1	7

middle bridge:
4	5	2	1	7	9
7	8	3	3	4	6
9	6	1	2	8	5

(middle left column of bridge)
8	6	5
7	9	2
3	1	4

(middle right column of bridge)
| 6 | 7 | 9 |

4	8	3	9	6	2	5	7	1
1	9	6	7	5	3	2	4	8
7	2	5	8	4	1	9	3	6
5	4	1	2	8	9	7	6	3
3	6	8	5	1	7	4	2	9
2	7	9	6	3	4	1	8	5
9	3	7	1	2	6	8	5	4
6	5	2	4	9	8	3	1	7
8	1	4	3	7	5	6	9	2

3	2	8	6	9	4	3	1	8	5	7	2
5	9	6	7	1	3	5	4	2	8	9	6
1	4	7	8	5	2	7	9	6	3	4	1
			1	2	9	4	5	7	6	8	3
			4	3	6	9	8	1	2	5	7
			5	7	8	2	6	3	9	1	4
			9	6	7	1	2	5	4	3	8
			3	8	5	6	7	4	1	2	9
			2	4	1	8	3	9	7	6	5

#82

2	9	5	7	4	1	3	8	6
1	4	6	9	8	3	7	5	2
7	3	8	6	2	5	4	1	9
3	2	9	5	7	4	1	6	8
8	1	7	2	9	6	5	3	4
6	5	4	3	1	8	2	9	7
9	6	1	4	3	2	8	7	5
5	8	2	1	6	7	9	4	3
4	7	3	8	5	9	6	2	1

6	2	5	4	8	9	1	7	3
8	3	1	6	2	7	9	4	5
9	7	4	5	1	3	2	6	8
1	9	8	7	4	2	5	3	6
2	6	3	9	5	8	4	1	7
5	4	7	1	3	6	8	9	2
4	1	2	3	7	5	6	8	9
7	8	6	2	9	1	3	5	4
3	5	9	8	6	4	7	2	1

(center bridge rows shared between top/bottom)
6	3	9
5	2	1
1	4	7	8

1	9	4	7	8	5	2	6	3
3	8	7	9	6	2	1	4	5
2	5	6	1	4	3	9	7	8

3	7	4	2	1	8	5	6	9
2	1	6	7	9	5	4	3	8
8	9	5	3	4	6	7	1	2
4	6	2	1	5	9	3	8	7
7	3	9	4	8	2	1	5	6
1	5	8	6	3	7	9	2	4
6	2	1	9	7	3	8	4	5
5	4	7	8	2	1	6	9	3
9	8	3	5	6	4	2	7	1

3	1	4	8	2	7	6	9	3	5	4	1
2	5	7	6	9	1	4	5	8	3	7	2
8	9	6	5	3	4	7	1	2	9	6	8
			1	6	3	8	2	4	7	5	9
			4	7	2	9	6	5	8	1	3
			9	5	8	1	3	7	6	2	4
			7	8	6	2	4	9	1	3	5
			3	4	9	5	7	1	2	8	6
			2	1	5	3	8	6	4	9	7

#83

7	6	5	9	1	3	4	2	8
4	2	3	7	6	8	1	9	5
8	1	9	2	4	5	7	3	6
5	3	7	6	8	2	9	1	4
1	4	6	3	7	9	8	5	2
2	9	8	1	5	4	6	7	3
9	8	4	5	3	1	2	6	7
6	5	2	8	9	7	3	4	1
3	7	1	4	2	6	5	8	9

9	2	7	4	5	1	3	6	8
6	4	1	8	2	3	5	9	7
5	3	8	6	9	7	2	1	4
3	8	2	7	4	9	1	5	6
7	1	9	2	6	5	4	8	3
4	5	6	3	1	8	9	7	2
8	9	4	1	7	2	6	3	5
2	7	5	9	3	6	8	4	1
1	6	3	5	8	4	7	2	9

(bridge)
1	5	3	6	2	8
6	8	9	3	4	7
7	4	2	9	5	1

(bridge left column)
7	1	5
8	9	2
4	3	6

(bridge right column)
3	9	4
5	1	6
8	2	7

5	2	8	6	9	4	1	7	3
1	6	4	5	7	3	9	2	8
3	7	9	1	2	8	6	5	4
2	9	1	8	3	5	4	6	7
8	4	6	2	1	7	5	3	9
7	5	3	9	4	6	2	8	1
6	3	7	4	5	9	8	1	2
9	1	5	7	8	2	3	4	6
4	8	2	3	6	1	7	9	5

2	6	5	4	8	9	5	1	6	7	3	2
4	7	1	5	3	6	8	7	2	4	9	1
9	3	8	7	1	2	3	9	4	6	5	8
			2	4	5	9	8	3	1	6	7
			9	7	3	4	6	1	2	8	5
			1	6	8	7	2	5	3	4	9
			6	5	1	2	4	8	9	7	3
			3	9	4	1	5	7	8	2	6
			8	2	7	6	3	9	5	1	4

#84

2	5	9	6	7	3	1	4	8
8	3	7	1	2	4	6	5	9
4	6	1	5	9	8	3	7	2
6	2	3	4	5	7	8	9	1
1	4	8	9	3	2	5	6	7
7	9	5	8	1	6	2	3	4
5	8	2	3	4	9	7	1	6
3	7	4	2	6	1	9	8	5
9	1	6	7	8	5	4	2	3

2	7	8	9	3	1	6	5	4
6	5	9	8	2	4	1	7	3
3	1	4	6	7	5	2	9	8
5	9	7	2	6	3	4	8	1
4	6	1	5	8	7	9	3	2
8	3	2	1	4	9	5	6	7
9	2	3	7	1	6	8	4	5
1	4	6	3	5	8	7	2	9
7	8	5	4	9	2	3	1	6

(bridge)
4	5	8
3	2	7
6	1	9

(bridge center)
3	4	1	2	8	5	6	9	7
6	5	9	7	4	3	8	1	2
2	7	8	1	9	6	5	3	4

2	3	8	1	4	6	5	9	7
4	9	5	3	8	7	1	6	2
7	1	6	2	9	5	8	3	4
6	5	9	7	2	4	3	8	1
8	2	3	9	6	1	7	4	5
1	7	4	8	5	3	6	2	9
9	8	1	5	3	2	4	7	6
3	6	7	4	1	9	2	5	8
5	4	2	6	7	8	9	1	3

8	3	2	4	6	1	2	9	3	8	7	5
9	7	4	3	5	8	1	6	7	2	9	4
5	6	1	2	7	9	5	8	4	3	1	6
			8	4	5	6	7	1	9	3	2
			7	1	2	4	3	9	5	6	8
			9	3	6	8	2	5	7	4	1
			6	8	3	7	1	2	4	5	9
			5	2	7	9	4	6	1	8	3
			1	9	4	3	5	8	6	2	7

#85

```
8 1 9 4 6 3 7 2 5              5 1 6 9 8 3 2 7 4
5 2 4 8 1 7 9 3 6              3 7 4 1 2 5 6 9 8
3 6 7 5 9 2 4 1 8              2 9 8 6 4 7 3 5 1
4 7 8 3 5 9 1 6 2              9 8 2 7 3 4 5 1 6
1 3 2 6 4 8 5 9 7              6 4 5 8 9 1 7 2 3
6 9 5 7 2 1 8 4 3              7 3 1 2 5 6 4 8 9
2 8 1 9 3 5 6 7 4  1 3 2  8 5 9 4 6 2 1 3 7
7 4 3 1 8 6 2 5 9  8 4 7  1 6 3 5 7 8 9 4 2
9 5 6 2 7 4 3 8 1  5 6 9  4 2 7 3 1 9 8 6 5
                   1 2 3 6 5 4 9 7 8
                   9 6 8 7 2 3 5 4 1
                   7 4 5 9 8 1 6 3 2
8 3 6 5 7 9 4 1 2  3 9 6  7 8 5 9 4 2 6 1 3
2 5 9 1 6 4 8 3 7  4 1 5  2 9 6 1 3 5 4 8 7
4 1 7 2 8 3 5 9 6  2 7 8  3 1 4 7 6 8 2 9 5
7 4 5 9 3 2 1 6 8              6 4 8 3 2 1 5 7 9
3 8 1 6 4 5 7 2 9              1 7 9 4 5 6 3 2 8
6 9 2 7 1 8 3 4 5              5 3 2 8 7 9 1 6 4
9 2 3 8 5 1 6 7 4              4 5 1 2 8 7 9 3 6
1 6 8 4 2 7 9 5 3              9 6 7 5 1 3 8 4 2
5 7 4 3 9 6 2 8 1              8 2 3 6 9 4 7 5 1
```

#86

```
1 6 4 9 5 2 7 3 8              9 1 4 6 5 8 3 2 7
5 3 2 4 8 7 9 1 6              6 3 7 1 2 9 8 5 4
9 7 8 1 6 3 5 2 4              2 8 5 4 7 3 9 6 1
3 1 7 2 4 9 6 8 5              4 5 3 9 8 2 7 1 6
4 8 6 7 3 5 1 9 2              1 9 2 7 3 6 5 4 8
2 9 5 6 1 8 4 7 3              7 6 8 5 4 1 2 9 3
8 4 3 5 9 1 2 6 7  3 1 5  8 4 9 2 6 7 1 3 5
7 5 1 8 2 6 3 4 9  6 8 2  5 7 1 3 9 4 6 8 2
6 2 9 3 7 4 8 5 1  7 4 9  3 2 6 8 1 5 4 7 9
                   9 3 6 5 7 4 2 1 8
                   7 2 8 9 6 1 4 3 5
                   5 1 4 2 3 8 9 6 7
3 2 4 9 1 7 6 8 5  4 2 7  1 9 3 5 7 2 8 4 6
6 1 7 8 2 5 4 9 3  1 5 6  7 8 2 6 4 3 5 9 1
8 5 9 6 3 4 1 7 2  8 9 3  6 5 4 1 9 8 3 2 7
2 7 1 5 6 9 8 3 4              3 6 9 7 1 5 2 8 4
9 8 3 2 4 1 7 5 6              2 7 8 9 3 4 6 1 5
4 6 5 3 7 8 9 2 1              4 1 5 8 2 6 7 3 9
7 4 8 1 5 2 3 6 9              8 3 7 4 6 1 9 5 2
1 3 2 7 9 6 5 4 8              5 4 6 2 8 9 1 7 3
5 9 6 4 8 3 2 1 7              9 2 1 3 5 7 4 6 8
```

#87

```
9 2 7 3 8 6 4 5 1              4 9 5 3 8 7 1 6 2
8 5 6 9 1 4 3 2 7              3 7 8 1 6 2 9 5 4
3 4 1 2 7 5 8 9 6              1 6 2 9 5 4 3 8 7
2 9 4 6 3 1 7 8 5              6 4 3 8 9 5 2 7 1
7 6 5 4 2 8 9 1 3              5 2 1 7 4 6 8 3 9
1 8 3 7 5 9 6 4 2              7 8 9 2 3 1 6 4 5
5 3 2 8 4 7 1 6 9  5 4 2  8 3 7 5 1 9 4 2 6
4 1 9 5 6 3 2 7 8  1 6 3  9 5 4 6 2 3 7 1 8
6 7 8 1 9 2 5 3 4  9 7 8  2 1 6 4 7 8 5 9 3
                   8 2 7 4 1 5 3 6 9
                   4 9 1 6 3 7 5 2 8
                   6 5 3 2 8 9 4 7 1
4 9 3 6 1 2 7 8 5  3 9 1  6 4 2 5 9 7 1 8 3
6 5 1 3 7 8 9 4 2  7 5 6  1 8 3 2 6 4 7 5 9
2 7 8 5 9 4 3 1 6  8 2 4  7 9 5 1 3 8 2 6 4
3 6 9 4 2 5 8 7 1              8 6 9 7 1 5 4 3 2
7 1 4 9 8 6 5 2 3              5 3 4 9 8 2 6 7 1
5 8 2 7 3 1 4 6 9              2 1 7 6 4 3 4 5 9 8
8 3 7 2 6 9 1 5 4              4 5 8 3 7 1 9 2 6
9 4 6 1 5 7 2 3 8              9 7 1 8 2 6 3 4 5
1 2 5 8 4 3 6 9 7              3 2 6 4 5 9 8 1 7
```

#88

```
7 2 4 6 8 5 3 9 1              7 1 9 4 5 6 3 8 2
1 5 8 3 4 9 6 2 7              6 5 8 9 3 2 7 1 4
6 3 9 1 2 7 5 8 4              2 4 3 7 8 1 5 6 9
8 4 1 9 3 2 7 6 5              1 2 4 8 6 3 9 7 5
5 7 2 4 6 1 9 3 8              3 7 5 2 1 9 6 4 8
3 9 6 7 5 8 1 4 2              9 8 6 5 4 7 1 2 3
2 8 7 5 9 6 4 1 3  6 2 8  5 9 7 1 2 8 4 3 6
4 6 5 2 1 3 8 7 9  3 1 5  4 6 2 3 7 5 8 9 1
9 1 3 8 7 4 2 5 6  7 9 4  8 3 1 6 9 4 2 5 7
                   3 6 5 8 4 1 2 7 9
                   1 9 8 5 7 2 6 4 3
                   7 2 4 9 3 6 1 8 5
2 8 3 9 5 1 6 4 7  1 5 9  3 2 8 9 6 7 5 1 4
5 6 4 3 2 7 9 8 1  2 6 3  7 5 4 8 3 1 9 2 6
1 9 7 4 6 8 5 3 2  4 8 7  9 1 6 5 4 2 8 3 7
8 5 1 2 3 9 7 6 4              1 7 2 3 5 9 6 4 8
3 7 6 1 4 5 2 9 8              4 9 5 1 8 6 2 7 3
4 2 9 7 8 6 1 5 3              6 8 3 7 2 4 1 9 5
7 3 5 8 9 2 4 1 6              2 6 9 4 7 5 3 8 1
9 1 8 6 7 4 3 2 5              8 4 1 6 9 3 7 5 2
6 4 2 5 1 3 8 7 9              5 3 7 2 1 8 4 6 9
```

#89

#90

#91

#92

#93

```
4 2 9 5 8 7 6 1 3      8 2 7 3 6 4 9 1 5
1 6 3 9 2 4 7 5 8      1 5 6 9 7 2 8 4 3
8 7 5 3 6 1 9 4 2      4 3 9 1 5 8 7 6 2
7 1 4 8 9 3 5 2 6      6 4 2 7 9 5 1 3 8
6 3 8 4 5 2 1 7 9      9 1 5 2 8 3 4 7 6
5 9 2 1 7 6 8 3 4      3 7 8 4 1 6 2 5 9
9 8 7 2 4 5 3 6 1 8 7 5 2 9 4 5 3 1 6 8 7
2 5 1 6 3 8 4 9 7 2 6 3 5 8 1 6 2 7 3 9 4
3 4 6 7 1 9 2 8 5 4 9 1 7 6 3 8 4 9 5 2 1
            8 5 6 7 1 4 9 3 2
            9 1 3 6 5 2 8 4 7
            7 2 4 3 8 9 6 1 5
5 9 1 7 4 8 6 3 2 5 4 8 1 7 9 5 2 3 6 8 4
7 6 2 9 3 5 1 4 8 9 2 7 3 5 6 4 7 8 1 2 9
8 4 3 1 2 6 5 7 9 1 3 6 4 2 8 1 9 6 5 7 3
4 5 9 3 7 2 8 6 1      5 3 4 8 6 7 2 9 1
1 3 6 4 8 9 2 5 7      8 9 1 2 3 4 7 6 5
2 8 7 6 5 1 3 9 4      2 6 7 9 5 1 4 3 8
6 1 8 5 9 7 4 2 3      7 8 2 3 4 5 9 1 6
3 7 5 2 1 4 9 8 6      6 1 5 7 8 9 3 4 2
9 2 4 8 6 3 7 1 5      9 4 3 6 1 2 8 5 7
```

#94

```
3 4 9 7 1 6 2 8 5      4 7 6 5 8 2 1 9 3
7 6 8 2 9 5 1 4 3      9 2 5 1 4 3 6 7 8
2 5 1 8 4 3 7 9 6      1 3 8 7 6 9 4 2 5
1 8 5 3 2 9 6 7 4      2 6 7 9 3 1 8 5 4
4 7 6 1 5 8 9 3 2      5 9 3 4 7 8 2 6 1
9 2 3 4 6 7 8 5 1      8 4 1 6 2 5 9 3 7
5 9 4 6 7 1 3 2 8 1 6 9 7 5 4 2 1 6 3 8 9
6 3 2 9 8 4 5 1 7 4 3 2 6 8 9 3 5 4 7 1 2
8 1 7 5 3 2 4 6 9 7 5 8 3 1 2 8 9 7 5 4 6
            1 8 6 2 9 4 5 7 3
            9 3 2 8 7 5 1 4 6
            7 4 5 3 1 6 2 9 8
4 5 6 2 1 9 8 7 3 6 4 1 9 2 5 1 3 4 6 7 8
8 2 1 3 5 7 6 9 4 5 2 7 8 3 1 7 5 6 9 2 4
9 3 7 6 4 8 2 5 1 9 8 3 4 6 7 2 8 9 5 1 3
1 9 3 8 6 5 4 2 7      7 8 9 6 4 3 1 5 2
2 7 4 9 3 1 5 8 6      3 5 4 9 2 1 8 6 7
5 6 8 7 2 4 1 3 9      2 1 6 5 7 8 4 3 9
3 4 9 5 8 6 7 1 2      1 4 8 3 6 2 7 9 5
6 8 2 1 7 3 9 4 5      5 9 2 4 1 7 3 8 6
7 1 5 4 9 2 3 6 8      6 7 3 8 9 5 2 4 1
```

#95

```
1 5 9 8 3 6 7 4 2      3 5 7 6 4 1 9 2 8
7 3 4 2 5 1 8 9 6      6 4 9 8 7 2 3 1 5
8 2 6 7 9 4 5 3 1      2 8 1 3 9 5 7 4 6
6 8 3 4 2 9 1 7 5      1 3 2 7 5 8 6 9 4
9 1 5 3 8 7 6 2 4      5 9 4 1 3 6 8 7 2
4 7 2 6 1 5 9 8 3      7 6 8 4 2 9 5 3 1
3 9 8 1 6 2 4 5 7 1 9 6 8 2 3 9 6 4 1 5 7
2 6 7 5 4 8 3 1 9 8 2 5 4 7 6 5 1 3 2 8 9
5 4 1 9 7 3 2 6 8 4 7 3 9 1 5 2 8 7 4 6 3
            1 3 5 6 8 2 7 9 4
            8 7 6 5 4 9 1 3 2
            9 2 4 7 3 1 6 5 8
2 1 9 8 5 7 6 4 3 9 5 7 2 8 1 5 9 4 3 7 6
5 4 6 3 9 1 7 8 2 3 1 4 5 6 9 3 8 7 2 1 4
8 7 3 6 4 2 5 9 1 2 6 8 3 4 7 2 6 1 9 5 8
4 3 1 7 6 5 8 2 9      8 9 5 7 4 3 1 6 2
9 8 7 2 3 4 1 5 6      4 2 3 6 1 8 7 9 5
6 2 5 9 1 8 3 7 4      7 1 6 9 5 2 8 4 3
1 9 2 5 7 3 4 6 8      9 5 2 1 3 6 4 8 7
3 5 8 4 2 6 9 1 7      6 3 4 8 7 9 5 2 1
7 6 4 1 8 9 2 3 5      1 7 8 4 2 5 6 3 9
```

#96

```
7 5 1 6 8 4 3 2 9      4 8 2 9 7 3 5 6 1
9 2 6 7 3 5 1 4 8      6 7 5 1 8 2 9 3 4
3 4 8 2 1 9 6 5 7      3 1 9 6 5 4 7 2 8
1 9 3 4 6 2 7 8 5      9 6 3 5 2 8 1 4 7
5 7 2 3 9 8 4 6 1      1 5 4 7 9 6 3 8 2
6 8 4 1 5 7 9 3 2      7 2 8 4 3 1 6 9 5
8 1 7 5 4 3 2 9 6 8 4 1 5 3 7 2 4 9 8 1 6
4 6 9 8 2 1 5 7 3 2 6 9 8 4 1 3 6 5 2 7 9
2 3 5 9 7 6 8 1 4 5 3 7 2 9 6 8 1 7 4 5 3
            6 4 5 9 7 3 1 2 8
            1 3 8 6 2 5 4 7 9
            9 2 7 1 8 4 6 5 3
8 6 9 3 2 7 4 5 1 3 9 8 7 6 2 4 3 8 1 5 9
2 5 3 8 4 1 7 6 9 4 1 2 3 8 5 9 6 1 7 4 2
1 4 7 6 9 5 3 8 2 7 5 6 9 1 4 2 7 5 3 8 6
5 1 4 7 6 2 9 3 8      8 4 1 7 5 9 2 6 3
7 8 2 5 3 9 1 4 6      2 5 3 6 1 4 9 7 8
3 9 6 1 8 4 5 2 7      6 9 7 3 8 2 4 1 5
6 2 1 9 5 3 8 7 4      5 2 6 1 9 7 8 3 4
9 3 8 4 7 6 2 1 5      4 7 8 5 2 3 6 9 1
4 7 5 2 1 8 6 9 3      1 3 9 8 4 6 5 2 7
```

#97

Top-left grid
2	8	9	4	1	3	6	5	7
1	6	5	9	7	8	2	4	3
7	4	3	2	5	6	9	8	1
5	7	1	6	2	4	3	9	8
6	2	8	7	3	9	4	1	5
9	3	4	1	8	5	7	6	2
4	1	2	5	6	7	8	3	9
3	5	6	8	9	2	1	7	4
8	9	7	3	4	1	5	2	6

Top-right grid
5	9	1	8	3	7	4	6	2
6	4	3	1	9	2	8	5	7
7	2	8	4	5	6	3	9	1
8	3	2	5	6	1	7	4	9
1	6	4	7	8	9	2	3	5
9	7	5	3	2	4	6	1	8
2	1	7	6	4	5	9	8	3
3	5	6	9	7	8	1	2	4
4	8	9	2	1	3	5	7	6

Center grid
4	5	6
2	8	9
1	3	7
6	5	8	3	1	2	7	9	4
9	1	2	6	7	4	5	3	8
3	4	7	5	9	8	6	2	1

Bottom-left grid
1	4	9	6	5	2	7	8	3
5	3	6	4	7	8	2	9	1
7	2	8	9	3	1	4	6	5
2	6	5	8	1	4	3	7	9
9	7	4	2	6	3	1	5	8
3	8	1	5	9	7	6	2	4
4	1	2	7	8	5	9	3	6
6	5	3	1	2	9	8	4	7
8	9	7	3	4	6	5	1	2

Bottom-right grid
9	4	5	1	6	2	9	7	8	4	3	5
7	6	3	8	4	5	1	6	3	9	7	2
8	2	1	9	7	3	2	4	5	8	6	1
3	9	6	7	5	4	2	1	8
2	5	1	6	8	9	7	4	3
7	8	4	3	2	1	6	5	9
5	2	9	4	3	6	1	8	7
4	3	7	8	1	2	5	9	6
6	1	8	5	9	7	3	2	4

#98

Top-left grid
3	9	2	6	8	7	1	4	5
5	8	6	3	1	4	2	9	7
7	4	1	5	9	2	6	8	3
8	3	7	9	5	6	4	1	2
9	6	4	1	2	3	7	5	8
2	1	5	7	4	8	3	6	9
1	2	8	4	3	9	5	7	6
4	7	3	8	6	5	9	2	1
6	5	9	2	7	1	8	3	4

Top-right grid
5	2	1	8	6	4	7	9	3
3	4	8	7	1	9	6	5	2
9	6	7	2	3	5	4	8	1
1	7	6	9	2	3	5	4	8
8	3	4	6	5	1	9	2	7
2	5	9	4	8	7	3	1	6
4	9	3	1	7	8	2	6	5
6	8	5	3	4	2	1	7	9
7	1	2	5	9	6	8	3	4

Center grid
2	6	8	1
5	7	3	4
9	5	6	7
3	9	2	1	4	5	8	6	7
4	8	7	6	9	2	5	3	1
1	6	5	8	7	3	2	4	9

Bottom-left grid
2	4	5	9	6	8	7	1	3
8	7	3	2	1	5	6	4	9
9	6	1	7	4	3	2	5	8
3	8	4	6	5	1	9	2	7
6	1	7	8	2	9	4	3	5
5	2	9	3	7	4	1	8	6
4	5	8	1	9	7	3	6	2
1	9	6	5	3	2	8	7	4
7	3	2	4	8	6	5	9	1

Bottom-right grid
5	6	8	9	2	4	1	7	8	6	3	5
3	2	7	1	5	8	2	3	6	7	4	9
8	4	1	9	3	7	6	9	5	4	2	1	8
2	8	9	7	6	1	4	5	3
7	1	3	8	4	5	9	2	6
6	4	5	3	2	9	1	8	7
4	6	2	5	8	7	3	9	1
8	3	1	6	9	2	5	7	4
5	9	7	4	1	3	8	6	2

#99

Top-left grid
4	6	5	1	9	7	3	8	2
9	2	8	5	3	4	7	1	6
3	1	7	8	6	2	4	5	9
1	4	2	3	5	9	6	7	8
6	5	9	2	7	8	1	3	4
8	7	3	6	4	1	9	2	5
5	3	4	7	2	6	8	9	1
7	9	1	4	8	5	2	6	3
2	8	6	9	1	3	5	4	7

Top-right grid
2	5	3	6	1	9	4	8	7
7	6	9	4	3	8	2	1	5
1	4	8	2	5	7	6	9	3
4	2	6	5	8	3	1	7	9
3	1	5	9	7	2	8	6	4
9	8	7	1	4	6	3	5	2
3	5	4	6	7	2	8	9	4	5	3	1
2	7	8	1	5	9	4	3	6	1	7	2	8
9	2	6	8	3	1	7	2	5	9	4	6

Center grid
7	1	8	2	6	9	3	4	5
3	5	4	1	7	8	9	2	6
9	2	6	4	3	5	7	1	8

Bottom-left grid
4	6	8	2	9	7	1	3	5
1	7	9	3	6	5	4	8	2
2	5	3	1	4	8	6	7	9
5	9	4	6	3	1	7	2	8
8	1	2	4	7	9	5	6	3
7	3	6	8	5	2	9	1	4
3	4	7	9	2	6	8	5	1
6	2	1	5	8	4	3	9	7
9	8	5	7	1	3	2	4	6

Bottom-right grid
6	4	7	2	8	9	1	7	6	5	3	4
5	2	9	3	1	6	7	4	5	3	8	9	2
9	8	1	2	4	5	3	8	2	9	1	6	7
8	4	2	9	3	7	6	5	1
7	9	5	4	6	1	3	4	8
3	1	6	5	8	4	7	2	9
6	2	1	7	9	5	4	8	3
5	7	8	3	4	2	9	1	6
9	3	4	6	1	8	2	7	5

#100

Top-left grid
4	8	6	3	5	7	9	2	1
1	3	5	9	4	2	8	6	7
7	9	2	1	8	6	5	4	3
3	4	1	2	9	5	7	8	6
2	6	8	7	3	4	1	9	5
5	7	9	6	1	8	2	3	4
9	2	3	5	6	1	4	7	8	1	9	5
8	5	7	4	2	3	6	1	9	3	4	2
6	1	4	8	7	9	3	5	2	8	6	7

Top-right grid
6	5	9	8	1	3	2	7	4
7	2	8	5	6	4	1	3	9
3	1	4	2	9	7	5	8	6
1	7	5	4	8	9	6	2	3
8	3	6	1	5	2	9	4	7
4	9	2	7	3	6	8	1	5
2	6	3	9	7	8	4	5	1
5	8	7	6	4	1	3	9	2
9	4	1	3	2	5	7	6	8

Center grid
5	9	6	7	8	3	1	2	4
7	4	3	2	1	9	6	5	8
2	8	1	6	5	4	3	7	9

Bottom-left grid
7	2	6	9	5	1	8	3	4
9	4	8	2	3	7	1	6	5
3	5	1	4	8	6	9	2	7
8	3	9	7	1	4	2	5	6
1	6	5	8	2	3	4	7	9
2	7	4	5	6	9	3	8	1
4	1	3	6	7	2	5	9	8
6	8	2	1	9	5	7	4	3
5	9	7	3	4	8	6	1	2

Bottom-right grid
5	2	1	7	9	6	2	8	1	3	5	4
9	7	8	4	3	2	9	6	5	1	8	7
4	3	6	8	1	5	4	3	7	9	2	6
6	8	9	5	2	4	7	3	1
2	7	1	6	9	3	8	4	5
5	4	3	1	7	8	2	6	9
3	5	7	4	9	6	1	2
1	6	7	8	5	2	4	9	3
9	2	4	3	1	6	5	7	8

www.ingramcontent.com/pod-product-compliance
Lightning Source LLC
Chambersburg PA
CBHW080459220526
45465CB00006B/2322